Das vereinte Deutschland

Eine kleine Geographie

Autoren:
K. BREITFELD
P. GANS
L. GRUNDMANN
A. HARTUNG
G. HERFERT
E. MÜLLER
CH. OPP
W. SCHMIDT
G. TAEGE
M. WOLLKOPF

 Institut für Länderkunde

Autoren der Beiträge:
Klaus Breitfeld (IV.4), Paul Gans (I.3, II.1, II.4, II.5, IV.1, IV.2, IV.4, IV.5, IV.7), Luise Grundmann (I.1, I.2, V.1, V.2), Arno Hartung (III.2, III.3), Günter Herfert (II.2, II.3, IV.3), Evelin Müller (II.5), Christian Opp (III.1), Werner Schmidt (III.3), Günter Taege (V.1, V.2), Meike Wollkopf (I.4, II.1, IV.6, IV.7)

Wiss. Redaktion:
Paul Gans, Luise Grundmann, Werner Schmidt, Meike Wollkopf

Redaktion der Abbildungen:
Konrad Grosser

Kartographie:
Renate Bräuer, Knut Ronniger, Monika Zimmermann

Satz und Layout:
Günter Herfert, Karin Stier

© 1992 Selbstverlag by Institut für Länderkunde, Leipzig,
ISBN 3-86082-015-X
Druck: Druckplan GmbH, Leipzig

Vorwort

Mit der Gründung des Instituts für Länderkunde (e. V.) in Leipzig am 1. Januar 1992, getragen je zur Hälfte von der deutschen Bundesregierung und vom Freistaat Sachsen, wurden die Voraussetzungen dafür geschaffen, an einer außeruniversitären geographischen Einrichtung regional bezogene Grundlagenforschungen und Dokumentationsarbeiten in einem größeren Umfang einzuleiten. Das Institut hat die Aufgabe, anwendungsorientierte Grundlagenforschung zu betreiben: Räumliche Konfigurationen und Entwicklungsprozesse als Ausdruck sozioökonomischer und politisch-geographischer Strukturen und Vorgänge sollen beschrieben und analysiert werden, um Reaktionen und mögliche Regelhaftigkeiten besser verstehen zu lernen. Das regionale Arbeitsfeld sind Deutschland und die anderen Länder Europas, insgesamt ein Gebiet mit gegenwärtig geradezu dramatischen Wandlungsprozessen, eine außerordentliche und interessante Herausforderung für die wissenschaftliche Geographie.

An erster Stelle ist dabei der tiefgreifende politische, wirtschaftliche, soziale und kulturelle Wandel in Osteuropa zu nennen, der sich innerhalb weniger Jahre vollzog und noch vollzieht, dessen Auswirkungen von historischer Dimension sind. Die Beseitigung der militärischen und politischen Macht der Staaten des ehemaligen Warschauer Paktes, die Formierung von 15 neuen Staaten in Ost- und Südosteuropa, der beginnende Demokratisierungsprozeß und die Auflösung der zentralistisch ausgerichteten Planwirtschaft sowie der schrittweise Übergang zur Marktwirtschaft haben den Jahrzehnte andauernden Ost-West-Konflikt beendet. Dazu kommt als ein zweiter Wandlungsprozeß die zunehmende Integration der Europäischen Gemeinschaft in Westeuropa, aus dem ebenfalls tiefgreifende neue raumrelevante Strukturen für ganz Europa zu erwarten sind.

Von diesen Wandlungsprozessen in Europa ist ganz besonders Deutschland betroffen, da dieses Land in der Zeit zwischen 1945 und 1990 im Zentrum dieses Ost-West-Konfliktes stand. Mitten durch Deutschland verlief auf einer Länge von 1400 km eine fast unüberwindliche Grenze, die nicht nur Deutschland sondern auch Europa teilte und zwangsweise in zwei Systeme einordnete. Die gesamte gesellschaftliche Entwicklung verlief differenziert, von der Wirtschaftsentwicklung bis in die private Sphäre der Menschen.

Am 9. November 1989 fiel auf Druck der ostdeutschen Bevölkerung diese Trennwand zwischen Ost und West. Danach wurde der Weg frei für die staatlich-rechtliche Vereinigung der beiden Teile Deutschlands, die am 3.10.1990 mit dem Beitritt der nun auf demokratischer Grundlage neugebildeten fünf Länder Ostdeutschlands zur Bundesrepublik Deutschlands möglich wurde. Die rechtlichen Grundlagen für die Vereinigung wurden in dem "Vertrag zwischen der Bundesrepublik Deutschland und der Deutschen Demokratischen Republik" vom 31. August 1990 im einzelnen geregelt, der im Bewußtsein der Menschen als der "Einigungsvertrag" existiert.

Dieser politische Akt hat zahllose Veränderungsprozesse – teils erwünscht, ja gefördert, teils aber auch sehr nachteilig – ausgelöst, um die aus der Spaltung des Landes erwachsenen Probleme zu überwinden. Soweit räumliche Zusammenhänge und Konsequenzen mit diesen Veränderungsprozesen verbunden sind, kann und muß die Geographie Entscheidungshilfen für Politiker und Gebietskörperschaften erarbeiten. Das Institut für Länderkunde in Leipzig hat mehrere Forschungsprojekte dieser Art eingeleitet, deren Ergebnisse in absehbarer Zeit vorgelegt werden. Eine weitere Aufgabe wurde jedoch darin gesehen, möglichst rasch einen ersten Überblick über die sich nach der Vereinigung schon in Konturen abzeichnenden neuen Raumstrukturen in Deutschland zu geben, obwohl Klarheit darüber besteht, daß diese Strukturen in den nächsten Jahren noch erheblich modifiziert werden. So entstand die Idee, eine Monographie über das vereinte Deutschland aus geographischer Sicht zu erarbeiten, die möglichst schnell publiziert werden sollte, um die gemeinsamen Strukturen Deutschlands zu dokumentieren und publik zu machen. Zehn Mitarbeiter des Instituts haben dazu vorliegende Statistiken, Literatur und weitere raumanalytische Ergebnisse ausgewertet, Recherchen angestellt und die Publikation in eine Fassung gebracht, die einen möglichst großen Leserkreis in Deutschland und auch im Ausland erreichen soll. Zwei Überlegungen spielen dabei eine Rolle: Zum einen ist beabsichtigt, einen *landeskundlichen Überblick* über ganz Deutschland vorzustellen, den es in dieser Form noch nicht gegeben hat. Er soll die natürliche Ausstattung der deutschen Landschaften in ihrer Vielfalt, aber auch die Industrielandschaften, die Städte, Erholungsgebiete, Agrargebiete und die großen Verkehrsachsen in ihrer Entstehung und Physiognomie dem Leser verständlich machen. Bei diesen Überblicksdarstellungen versuchen die Autoren, die für beide Teile Deutschlands sehr unterschiedlich vorliegenden statistischen Unterlagen vergleichbar aufzubereiten. Zum anderen ist beabsichtigt, die geographischen Auswirkungen des Vereinigungsprozesses an ausgewählten *Beispielen* stärker zu durchleuchten. Beim letzteren Gesichtspunkt war man sich einig, daß besonders für Aussagen über die neuen Länder größtes Interesse besteht und daß die strukturellen Veränderungen hier besonders wirksam werden. Der rasche Übergang von einer über 40jährigen zentralistisch ausgerichteten Planwirtschaft in eine soziale Marktwirtschaft in einem föderalistischen Staat vollzieht sich nicht ohne Probleme. Gebietsstrukturelle Besonderheiten der Vereinigung werden sichtbar gemacht, beispielsweise die Veränderungen im Städtesystem, die großen Umwandlungen in Industrie- und Agrargebieten oder die Auswirkungen der neuen Verkehrsverbindungen zwischen Ost- und Westdeutschland – eine wesentliche Brücke im Vereinigungsprozeß.

In der Monographie werden die auf wissenschaftlicher Grundlage gewonnenen Ergebnisse in einer allgemeinverständlichen Art dargestellt. Die dazu entsprechende graphische Ausstattung und Gestaltung wurde vorwiegend durch Mitarbeiter des Bereiches "Deutsche Landeskunde" und der Abteilung "Kartographie" des Instituts für Länderkunde erbracht. Die hier vorliegenden 74 Abbildungen sind zum größten Teil speziell für diese Monographie entworfen und kartographisch aufbereitet worden, einige davon mit Hilfe der Computerkartographie. Die Anschaulichkeit konnte zudem durch 40 vorwiegend farbige Fotos verbessert werden, die dem Institut insbesondere von den Landesbildstellen der alten Bundesländer und der Deutschen Fotothek Dresden kurzfristig zur Verfügung gestellt wurden. Für diese Unterstützung möchten wir uns herzlich bedanken.

Deutschland ist nun wieder vereinigt; sein räumliches Gefüge wird in absehbarer Zeit ein – wenn auch verändertes – funktionierendes Gesamtsystem bilden. Noch wesentlicher ist jedoch, Deutschland als Teil eines integrierenden Europas zu begreifen. Eine zweite Publikation wird daher den Titel "Deutschland in Europa" tragen.

Prof. Dr. habil. Hanns J. Buchholz
Gründungsdirektor des Instituts für Länderkunde

Kleine Geographie von Deutschland

Das vereinte Deutschland – eine kleine Geographie

Inhaltsverzeichnis

Kleine Geographie von Deutschland

I. Der Staat und seine Geschichte

I.1 Das vereinte Deutschland im Überblick

Deutschland liegt in der Mitte Europas (→Abb. 1). Auf einer Fläche von insgesamt 356 957 km² leben knapp 80 Mio. Menschen, 79 % in den alten und 21 % in den neuen Bundesländern (1991). Mit einer durchschnittlichen Bevölkerungsdichte von 222 Ew./km² ist das Land insgesamt dicht besiedelt und verfügt über ein gut ausgebautes Siedlungsnetz (→II.1). Auf einer Länge von ca. 3 770 km grenzt das vereinte Deutschland an neun europäische Staaten (→Abb. 1, Kartenbeilage). Die längsten gemeinsamen Grenzabschnitte bestehen zur CSFR, zu Österreich, Polen und Frankreich.

Die Entwicklung nach 1945

Am 3. Oktober 1990 ging für Deutschland mit dem Beitritt der Deutschen Demokratischen Republik (DDR) zur Bundesrepublik Deutschland die Teilung zu Ende. Die alliierten Siegermächte hatten 1945 nach der Kapitulation des Deutschen Reiches die Gebiete östlich der Oder/Neiße Polen und der UdSSR angegliedert, das Saarland bis 1956 unter die Verwaltung Frankreichs gestellt und das verbliebene Territorium in vier Besatzungszonen aufgeteilt (→Abb. 2). Aus der französischen, britischen und amerikanischen Zone bildete sich am 23. Mai 1949 mit der Verkündung des Grundgesetzes (Verfassung) die Bundesrepublik Deutschland und am 7. Oktober 1949 aus der sowjetischen Zone die DDR. Danach verlief 40 Jahre lang mitten durch Deutschland vom Norden nach Süden eine Grenze (→I.4), die zugleich Europa politisch und militärisch teilte. Seit 1972 regelte der *Grundlagenvertrag* die Gleichberechtigung, die Unverletzlichkeit der Grenzen und die Achtung der territorialen Integrität beider Staaten. Er ermöglichte 1973 sowohl der früheren Bundesrepublik als auch der ehemaligen DDR die Aufnahme in die Vereinten Nationen (UNO).

Militärisch und wirtschaftlich gehörten die ehemalige DDR und die frühere Bundesrepublik Deutschland bis 1990 unterschiedlichen Macht- und Wirtschaftsblöcken an: 1955 trat die Bundesrepublik dem Verteidigungssystem des Nordatlantik-Paktes (NATO) bei, zu dessen Mitgliedern, neben europäischen Staaten, auch die USA und Kanada zählen. Wirt-

Abb. 1: Lage der Bundesrepublik Deutschland in Europa

schaftlich erhielt Westdeutschland durch ein Hilfsprogramm der USA (Marshallplan) entscheidende Impulse. Als im Jahre 1949 die Bundesrepublik Mitglied der "Organisation für europäische wirtschaftliche Zusammenarbeit" (OEEC), der späteren OECD, und 1950 des Europarats wurde, hatte sie sich als Land mit Wirtschaftsperspektiven bereits in die europäische Staatengemeinschaft eingebun-

den. Die Gründung der "Europäischen Gemeinschaft für Kohle und Stahl" (Montanunion) erwies sich als Initialzündung für die europäische Integration, denn 1957 einigten sich deren sechs Mitglieder (Beneluxländer, Bundesrepublik, Frankreich, Italien) in den "Römischen Verträgen" auf noch weitergehende ökonomische und politische Verflechtungen. Aus der damaligen "Europäischen Wirtschaftsgemeinschaft" (EWG) entstand schrittweise die heutige "Europäische Gemeinschaft" (EG) mit zwölf Mitgliedsländern, welche sich am 1. Januar 1993 zu einer Wirtschafts- und Währungsunion zusammenschließen werden.

Die ehemalige DDR gehörte wie alle kommunistisch regierten Länder Osteuropas dem COMECON, dem "Rat für gegenseitige Wirtschaftshilfe" (RGW), von 1950 bis 1990 an. Militärisch war sie seit 1956 Mitglied des Warschauer Paktes, der 1955 als Gegengewicht zur NATO entstanden war und der sich 1990 aufgrund der politischen Ereignisse in Osteuropa auflöste. Bei der Vereinigung wurden die fünf neu gebildeten Länder der ehemaligen DDR als Teilglieder in

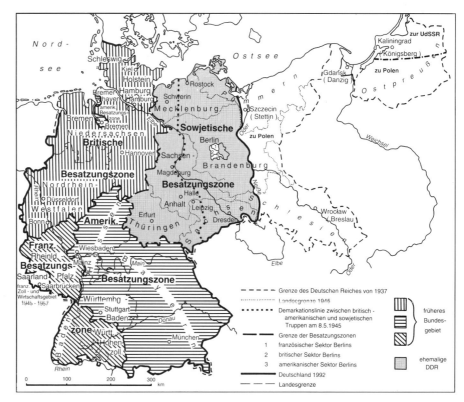

Abb. 2: Die territoriale Entwicklung Deutschlands nach 1945
Quelle: Bundeszentrale für politischen Bildung 1989, S. 4

die bestehende föderalistisch aufgebaute Bundesrepublik integriert (→I.2, Kartenbeilage). Föderalismus und soziale Marktwirtschaft lösten Zentralismus und Planwirtschaft ab. Als Hauptstadt und Regierungssitz nominierte der Bundestag 1991 Berlin (→II.3).

Kulturlandschaften
Deutschland besitzt ein abwechslungsreiches Landschaftsbild, da es Anteile an den drei großen mitteleuropäischen Naturräumen hat (→Kartenbeilage): am Tiefland, Mittelgebirgsland und am Hochgebirge (→III.1, III.3). In einer über tausendjährigen kulturellen und wirtschaftlichen Tradition hat der Mensch die heutigen Kulturlandschaften geschaffen, die viele gemeinsame Züge tragen, aber auch regionale Unterschiede aufweisen.

Die Umwandlung der Waldflächen in Äcker oder Weiden durch Rodungen, die Anlage von Siedlungen und Verkehrswegen bestimmten die Hauptformen der Landnutzung in den früheren Besiedlungsphasen. Der Wald, oft verwendet als Symbol für deutsche Landschaften, nimmt in Deutschland noch heute ein Drittel aller Flächen ein; die Hälfte wird landwirtschaftlich genutzt. Ein großflächiger Anbau von Sonderkulturen hat spezifische Kulturlandschaften geformt wie z. B. Wein- (→IV.7) oder Obstanbaugebiete. Der Wandel Deutschlands von einem Agrarland zu einem Industriestaat (→IV.1) hat die Raumstruktur verändert, große Verdichtungsräume mit einer außerordentlichen Konzentration von Industrie, Dienstleistungen, Bevölkerung und Infrastruktur geschaffen (→II.1, IV.3). Die Industrialisierung begann in der Mitte des vorigen Jahrhunderts mit dem Aufbau der Grundstoffindustrie und war standörtlich an die Rohstoffvorkommen von Steinkohle und Eisenerz gebunden. Die heute als "alte Industriegebiete" bezeichneten Zentren lagen im Erzgebirge, im Thüringer Wald sowie im Sauerland mit gegenwärtig noch überwiegend kleinbetrieblicher Struktur und im Saarland, Aachener Revier und Ruhrgebiet, wo große Konzerne dominieren. An diesen und weiteren Standorten bildeten sich neue Zweige des produzierenden Gewerbes heraus wie Maschinenbau, Textil-, Nahrungsgüter-, später auch Chemie- und Elektroindustrie. Viele Städte wuchsen allein auf der Basis von Unternehmensgründungen. Diese stark industrialisierten Räume konzentrierten sich im nördlichen Vorland der Mittelgebirgsschwelle um Hannover und Braunschweig, im Lipper Land, um Bielefeld, im Ruhrgebiet und im Aachener Raum. Auch die Rheinlinie zwischen Duisburg, Düsseldorf und Köln, das Neuwieder Becken, der Rhein-Main-, der Rhein-Neckar-, der Mittlere-Neckar-Raum, München/Augsburg und Nürnberg sowie das Mitteldeutsche Industriegebiet in Sachsen, Sachsen-Anhalt und Thüringen sind hochverdichtete Räume (→I.3, II.1).

Große Teile Deutschlands vor allem im Norddeutschen Tiefland, aber auch in Bayern, haben ihren ländlichen Charakter erhalten. Gezielte Strukturpolitik führte aber dazu, daß nur geringe Unterschiede der Lebensverhältnisse in den verschiedenen Teilgebieten bestehen, daß peripher gelegene Räume wie das ehemalige Zonenrandgebiet oder die Küstenregion Entwicklungsimpulse erhielten und vorhandene Potentiale nutzen konnten (→I.3). In der ehemaligen DDR hat sich die Industrie fast ausschließlich im Süden in den traditionellen Agglomerationsräumen entwickelt, nur punkthaft haben einige Städte im Norden industrielle Impulse erhalten (→IV.5). Große regionale Unterschiede kennzeichnen nach der Vereinigung Ost- und Westdeutschland (→IV.1). Ein wesentlicher Bestandteil der Strukturpolitik und Raumordnung zielt heute auf den Ausgleich dieses starken West-Ost-Gefälles (→I.3). Die Ursachen basieren vor allem auf den Auswirkungen der höchst unterschiedlichen Gesellschafts- und Wirtschaftssysteme, nämlich des zentral gelenkten sozialistischen Systems in der ehemaligen DDR und der sozialen Marktwirtschaft in der früheren Bundesrepublik.

I.2 Föderalismus – eine Besonderheit mit Tradition

Bei der Gründung der Bundesrepublik Deutschland im Jahr 1949 wurde erstmals in der deutschen Geschichte der Begriff "Deutschland" auf ein staatsrechtlich festgelegtes Gebiet bezogen – die Vorgängerstaaten trugen die Bezeichnung "deutsch" stets als Adjektiv: Heiliges Römisches Reich Deutscher Nation, Deutscher Bund, Deutsches Reich. Die Bezeichnung "Bundesrepublik" bringt den föderativen Charakter zum Ausdruck (lat. foedus = Bund), d. h. der Staat setzt sich aus mehreren Teilgliedern zusammen, die in ein übergeordnetes Ganzes, in den Bund, eingeordnet sind. Er ist der sog. Zentral- oder Oberstaat; gleichzeitig existieren 16 Bundesländer als Teilstaaten mit eigenen Landesregierungen. Gemeinsam bilden die Territorien der Länder das Staatsgebiet.

Ein Blick in die Geschichte
Im deutschen Raum wechselte die staatsrechtliche Entwicklung in einer mehr als tausendjährigen Geschichte zwischen zentralistischen Formen und einer Zersplitterung in kleine Staatsgebiete. Die Wurzeln reichen bis zu den germanischen Völkern zurück, die mit dem Seßhaftwerden auch entsprechende Territorien beanspruchten. Sie gliederten diese in Gaue und Hundertschaften, und in Volksversammlungen wurden wichtige Fragen des Gemeinwesens beraten. Es folgten die vielfältigen Formen des erblichen Königtums mit zentralistischen Verwaltungsstrukturen, von denen das Frankenreich als größte Reichsbildung hervortrat. Mit dem Erwerb der römischen Kaiserkrone durch den deutschen König Otto I. (962) war das *Heilige Römische Reich Deutscher Nation* als ein Staat mit starker zentraler Reichsgewalt entstanden. Auseinandersetzungen mit dem Papst und das Erstarken der Territorialherren schwächten jedoch zunehmend die Position des Kaisers. So stand seit dem 13. Jh. das Recht der Kaiserwahl ausschließlich den sieben Kurfürsten, drei geistlichen und vier weltlichen, zu.

Nach dem Dreißigjährigen Krieg formte sich das Reich zu einem Art Staatenbund um. Mit dem Erstarken Frankreichs unter Napoleon Ende des 18. Jh.s verstärkten sich die Auflösungstendenzen. So schlossen sich die süd- und westdeutschen Staaten wie Baden, Württemberg, Bayern oder Hessen-Kassel am 12. Juli 1806 unter französischem Protektorat zum *Rheinbund* zusammen. Gleichzeitig erklärten sie sich für souverän und traten am

1. August 1806 aus dem Reich aus. Kurz darauf legte der letzte Herrscher die deutsche Kaiserkrone nieder. Nach 1806 existierten die zahlreichen deutschen Einzelstaaten trotz Bestehens des Rheinbundes ohne eine gemeinsame übergeordnete Staatsorganisation nebeneinander .

Erst im *Deutschen Bund* vereinigten sich 1815 auf Beschluß des Wiener Kongresses 39 selbständige deutsche Fürstentümer und freie Reichsstädte. Aber auch dieser konnte nicht in die Rechte der Einzelstaaten eingreifen. Im Revolutionsjahr 1848 trat die erste deutsche Nationalversammlung in der Paulskirche zu Frankfurt/Main zusammen und legte einen Verfassungsentwurf für einen Bundesstaat vor. Die Zuständigkeiten sollten zwischen Reichstag, bestehend aus Volkshaus und Staatenhaus, sowie Reichsgericht und Bundesstaat geteilt werden (→Abb. 3). Doch die Nationalversammlung scheiterte, da der preußische König die Kaiserkrone aus der Hand des Volkes ablehnte und sich die Gegensätze zwischen Österreich und Preußen verschärft hatten.

Nach der Auflösung des Deutschen Bundes 1866 wurde der *Norddeutsche Bund* (1867-1870) unter preußischer Vorherrschaft gegründet. Er war eine Union von Staaten auf konstitioneller Grundlage, dessen wichtigstes Organ der Bundesrat mit den Vertretern der einzelnen Fürstentümer und Königreiche war. Nach dem Deutsch-französischen Krieg von 1870/71 traten auch die süddeutschen Staaten diesem Bund bei, und durch die Verfassung vom 16. April 1871 wurde nunmehr das *Deutsche Reich* gegründet (→Abb. 4), in dem die Einzelstaaten ihre politische Stellung bewahrten. Preußen übte mit 62 % der Bevölkerung und fast zwei Dritteln der Gesamtfläche weiterhin eine starke Vormachtstellung aus. Das wichtigste föderalistische Organ des Deutschen Reiches war der Bundesrat mit 58 Vertretern der Regierungen der Einzelstaaten. Er teilte sich die Legislative mit dem Reichstag. Den Vorsitz hatte der Reichskanzler inne, der – vom Kaiser ernannt – nur diesem verantwortlich war und von dessen Vertrauen abhing. Der Reichstag konnte den Kanzler weder ernennen noch stürzen. Damit bedeutete die Verfassung des Reiches einen klaren Rückschritt gegenüber den Vorschlägen der Frankfurter Nationalversammlung von 1849 (→Abb. 3).

Die 1871 erreichte Vereinigung zum Deutschen Reich brachte bis zum Ersten

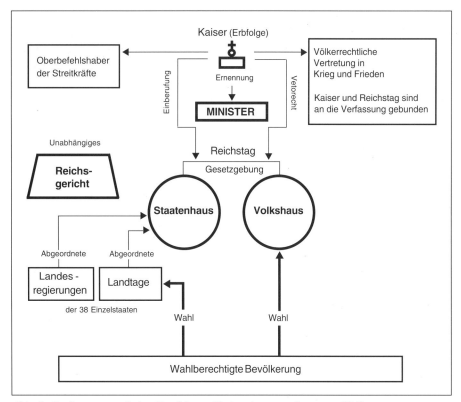

Abb. 3: Verfassungswerk der Frankfurter Nationalversammlung von 1849
Quelle: Bundeszentrale für politischen Bildung 1990, S. 13

Weltkrieg (1914 bis 1918) einen gewaltigen wirtschaftlichen und sozialen Aufschwung. Mit dem Ende des Krieges traten die Fürsten und der Kaiser zurück, und mit der *Weimarer Republik* wurde 1919 ein republikanischer Bundesstaat

errichtet, der bis 1933 bestand. Formell blieb diese Staatsform der Republik auch nach der Machtergreifung der Nationalsozialisten 1933 bestehen, in der Realität löste aber jetzt eine Diktatur den Föderalismus ab. Die Weimarer Verfassung wurde

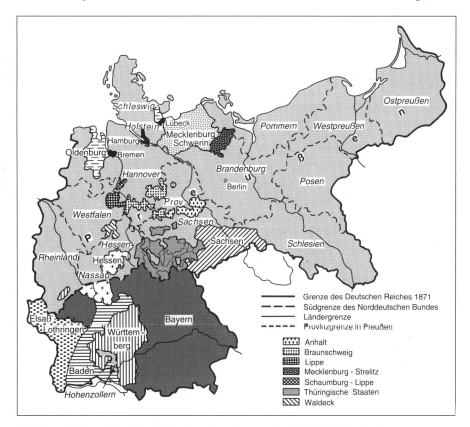

Abb. 4: Norddeutscher Bund (1867-1870) und Deutsches Reich (1871-1918)
Quelle: Bundeszentrale für politischen Bildung 1984, S. 9; ergänzt

durch den neuen Reichskanzler Adolf Hitler praktisch außer Kraft gesetzt, der Erlaß von Gesetzen war durch das sog. Ermächtigungsgesetz auch ohne den Reichstag möglich. Zur Totalisierung im Inneren kam eine nach außen gerichtete Machtpolitik. Sie führte Deutschland, das nun als "Drittes Reich" bezeichnet wurde, in den Zweiten Weltkrieg und brachte verhängnisvolle Folgen mit sich.

Nach der Kapitulation 1945 übernahmen die vier Siegermächte die politischen Geschicke. Zwischen den drei Westmächten – USA, Großbritannien und Frankreich – auf der einen sowie der UdSSR auf der anderen Seite konnte keine Einigung über die Wiedererrichtung eines einheitlichen deutschen Staates erzielt werden, so daß am 23. Mai 1949 die Bundesrepublik Deutschland aus den westlichen Besatzungszonen und am 7. Oktober desselben Jahres die DDR aus dem sowjetisch besetzten Teil hervorgingen (→I.1).

Die Bundesländer

Die "alten" Bundesländer in ihrer heutigen Ausdehnung wurden als *Bundesrepublik Deutschland* unmittelbar nach dem Zweiten Weltkrieg bzw. 1951/52 aus den Besatzungszonen der drei Westmächte gebildet (→I.1, Kartenbeilage). So ging Baden-Württemberg aus Baden, Württemberg-Baden und Württemberg-Hohenzollern hervor, der Freistaat Bayern aus dem bisherigen Freistaat mit Ausnahme der Pfalz und Lindaus, Hessen aus der preußischen Provinz Hessen-Nassau und den rechtsrheinischen Teilen des Freistaates Hessen, Niedersachsen aus den Gebieten von Oldenburg, Braunschweig und Schaumburg-Lippe, Nordrhein-Westfalen aus der Provinz Westfalen, dem Landesteil Nordrhein und dem später hinzugefügten Land Lippe, Rheinland-Pfalz aus der Kur- oder Rheinpfalz, Saarland aus dem von 1945 bis 1956 unter französischer Hoheit stehenden Saargebiet, Schleswig-Holstein aus Schleswig und Holstein. Bremen - seit 1813 Freie Hansestadt - bildet mit Bremerhaven ein eigenes Bundesland, ebenso die Freie und Hansestadt Hamburg (→Tab. 1).

In der sowjetischen Besatzungszone bzw. in der späteren DDR bestanden die früheren Länder bis 1952 zunächst weiter, jedoch mit zum Teil erheblichen territorialen Veränderungen, die auf die neue deutsche Ostgrenze an der Oder-Neiße-Linie zurückzuführen waren, und mit zum Teil veränderten Namen. So kamen bei-

Bundesland	Regierungs-sitz	Fläche (1000 km²)	Ein-wohner (Mio.)
Baden-Württemberg	Stuttgart	35,7	9,3
Bayern	München	70,6	11,3
Berlin	Berlin	0,9	3,3
Bremen	Bremen	0,4	0,7
Brandenburg	Potsdam	29,1	2,7
Hamburg	Hamburg	0,8	1,6
Hessen	Wiesbaden	21,1	5,6
Mecklenburg-Vorpommern	Schwerin	23,9	2,0
Niedersachsen	Hannover	47,5	7,2
Nordrhein-Westfalen	Düsseldorf	34,0	16,9
Rheinland-Pfalz	Mainz	19,8	3,6
Saarland	Saarbrücken	2,6	1,1
Sachsen	Dresden	18,3	5,0
Sachsen-Anhalt	Magdeburg	20,4	3,0
Schleswig-Holstein	Kiel	15,7	2,6
Thüringen	Erfurt	16,2	2,7
Bundesgebiet	Berlin (Hauptstadt und Regierungssitz)	357,0	78,6

Tab. 1: Die Länder der Bundesrepublik Deutschland 1992
Quelle: Statistisches Bundesamt 1992

spielsweise Teile der preußischen Provinz Schlesien an das Land Sachsen, gleichzeitig mußte Sachsen ein Gebiet an Polen abtreten (→I.1).

Die aus der sowjetischen Besatzungszone 1949 hervorgegangene *Deutsche Demokratische Republik* (DDR) war ein zentralistischer Einheitsstaat (→I.1), d. h. alle staatlichen und gesellschaftlichen Belange wurden zentral entschieden. Mit der Auflösung der Länder 1952 entstanden die kleineren 14 Bezirke als regionale

Verwaltungseinheiten. Sie waren im Gegensatz zu den Ländern und Kommunen in der Bundesrepublik keine selbstverwalteten Körperschaften. Nach den politischen Ereignissen 1989 wurden nach den ersten freien Wahlen zunächst die fünf neuen Länder Brandenburg, Mecklenburg-Vorpommern, Sachsen, Sachsen-Anhalt und Thüringen ungefähr in den alten Grenzen wieder gebildet, West-Berlin mit dem Ostteil der Stadt vereint und mit dem Einigungsvertrag am 3. Oktober 1990 der Bundesrepublik Deutschland angegliedert (→Kartenbeilage, Tab. 1). Damit übernahmen auch sie das föderalistische Staatssystem, dessen verfassungsrechtliche Strukturen im Grundgesetz festgelegt sind und weitestgehend an die Traditionen des 19. und 20. Jh.s anknüpfen.

Staatsorgane der Bundesrepublik Deutschland

An der Spitze der Bundesrepublik steht der *Bundespräsident* als Staatsoberhaupt (→Abb. 5). Er vertritt die Bundesrepublik völkerrechtlich. Die *Bundesregierung* besteht aus dem Bundeskanzler und den Bundesministern, denen die entsprechenden Fachministerien unterstehen. Die Regierung lenkt die staatlichen und politischen Geschäfte und kann Gesetze in den Bundestag einbringen. Nach dem Grundgesetz ist die Ausübung der Staatsgewalt auf verschiedene, voneinander unabhängige Staatsorgane aufgeteilt. Das oberste gesetzgebende Organ ist der *Deut-*

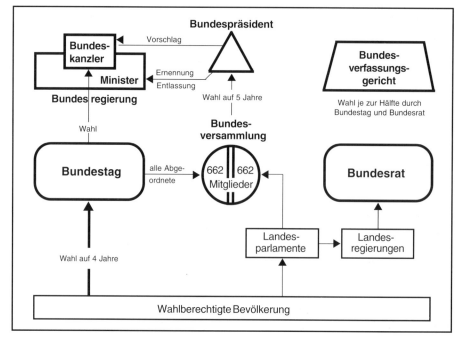

Abb. 5: Staatsorgane der Bundesrepublik Deutschland
Quelle: REUTHER 1992, S.10

sche Bundestag, dessen Abgeordnete alle vier Jahre vom Volk gewählt werden. Zum ersten Mal geschah dies am 14. August 1949. Den gesamtdeutschen Bundestag gibt es seit dem 2. Dezember 1990. Zu den 522 Abgeordneten aus den alten kamen 140 gewählte Vertreter aus den neuen Ländern hinzu. Organe des Bundestages sind der Präsident, das Präsidium, der Ältestenrat und die Fachausschüsse. Die Verhandlungen des Bundestages sind öffentlich. Der föderative Charakter des Staates wird durch die Vertreter der einzelnen Länder im *Bundesrat* gewährleistet. Dieser wirkt bei der Gesetzgebung und bei der Verwaltung des Bundes mit. Bei Verfassungsänderungen beispielsweise muß die Zustimmung des Bundesrates eingeholt werden. Anders als der Bundestag besteht der Bundesrat aus Mitgliedern der Länderregierungen. Jedes Land hat mindestens drei Stimmen, Länder mit mehr als zwei Millionen Einwohnern haben vier, bei entsprechend mehr Bewohnern bis zu sechs Stimmen, insgesamt sind es 68 Vertreter. Die Ministerpräsidenten der Länder stellen im jährlichen Wechsel den Vorsitzenden. Bund und Länder sind nach dem Grundsatz der Bundestreue gehalten, aufeinander Rücksicht zu nehmen, zusammenzuwirken und sich zu respektieren.

I.3 Raumordnung heute – wichtiger denn je

Im vereinten Deutschland mit seinen markanten regionalen Unterschieden zwischen Ost und West, mit strukturschwachen wie -starken Wirtschaftsräumen (→IV.2), mit hochverdichteten und relativ gering besiedelten Gebieten (→II.1) ist es besonders erforderlich, daß der Staat oder andere öffentlich-rechtliche Institutionen durch raumordnerische Tätigkeit versuchen, einen leitbildgerechten räumlichen Zustand, die Gleichwertigkeit der Lebensbedingungen in allen Teilgebieten Deutschlands, zu erreichen.

Entwicklung

Schon das Grundgesetz (GG) gab im Jahre 1949 der Bundesregierung die Möglichkeit, im Bereich der Raumordnung ein für die Länder verbindliches Rahmengesetz zu erlassen. Doch verfassungsrechtliche Kompetenzstreitigkeiten zwischen Bund und Ländern konnten erst im Jahre 1961 durch ein Gutachten des "Sachverständigenausschuß für Raumordnung" beigelegt werden. Darin gestanden die Verfassungsrechtler der Bundesregierung bei Grundsätzen und übergeordneten Zielen eine Rahmenkompetenz zu, d. h. sie hat das Recht, Vorschriften zu erlassen, wenn es z. B. die Einheitlichkeit der Lebensverhältnisse erfordert oder wenn ein Landesgesetz die Interessen anderer Länder oder der Gesamtheit beeinträchtigen könnte. Der Bund nutzte seine Rahmenkompetenz durch den Erlaß des Bundesraumordnungsgesetzes im Jahre 1965. Dagegen treffen die Landesregierungen Entscheidungen wie z. B. die Einordnung einer Stadt in das System der zentralen Orte. Dieser Mittelweg zwischen Föderalismus und Zentralismus erfordert eine Koordination zwischen den Verwaltungsebenen. Schon 1957 schlossen dazu Bund und Länder ein Verwaltungsabkommen über die Zusammenarbeit auf dem Gebiet der Raumordnung. Fachvertreter beider Ebenen bildeten eine Konferenz für Raumordnung. Aus ihr ging 1967 die "Ministerkonferenz für Raumordnung" mit ihren Ausschüssen hervor, die Empfehlungen für die Regierung erarbeitet (→Abb. 6).

Organisation

Das Grundgesetz der Bundesrepublik Deutschland ordnet die Raumordnung der konkurrierenden Gesetzgebung zu, d. h. die Länder haben die Befugnis zur Gesetzgebung, solange und soweit der Bund von seinem Gesetzgebungsrecht keinen Gebrauch macht (Art. 72, Abs. 1 GG). In Anlehnung an die Verwaltungsstruktur in der Bundesrepublik sind Raumordnung und Raumplanung in vier räumlich unterschiedlich wirksame Ebenen gegliedert (→Abb. 6, Tab. 2): die Bundes-, Landes-, Regional- und Gemeindeebene. Interessen der jeweils unteren Ebene werden in der jeweils oberen berücksichtigt. Der Bund kann aufgrund seiner Rahmenkom-

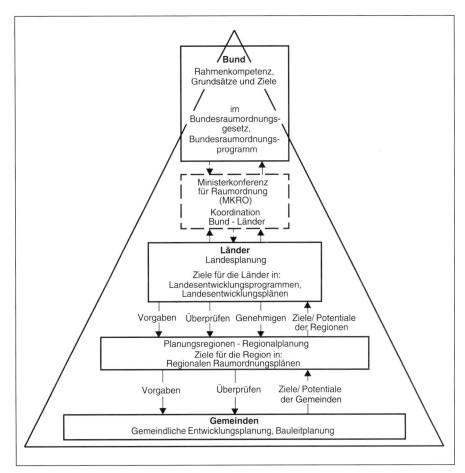

Abb. 6: Raumordnung in der Bundesrepublik Deutschland
Quelle: SEIFERT 1986, S. 11

11

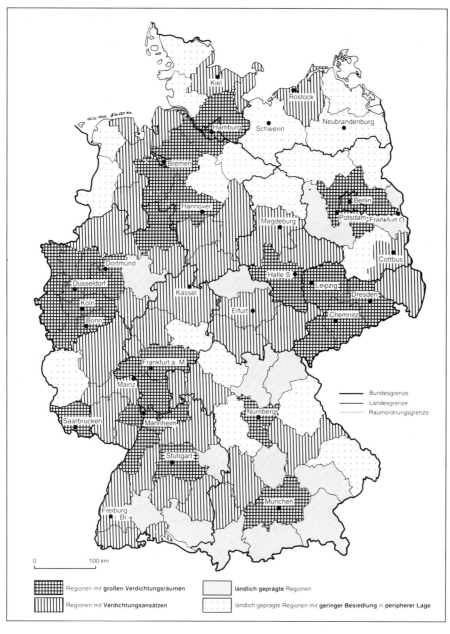

				Bundesgrenze
				Landesgrenze
				Raumordnungsgrenze

0   100 km

Regionen mit **großen Verdichtungsräumen**

Regionen mit **Verdichtungsansätzen**

ländlich geprägte Regionen

ländlich geprägte Regionen mit **geringer Besiedlung** in peripherer Lage

Abb. 7: Siedlungsstrukturelle Regionstypen in der Bundesrepublik Deutschland
Quelle: BfLR 1991, S. 782

petenz allgemeine Grundsätze über die wünschenswerte räumliche Entwicklung vorgeben, die in der Landesplanung beachtet werden müssen. Diese Grundsätze sind im Bundesraumordnungsgesetz und im – inzwischen veralteten – Bundesraumordnungsprogramm festgelegt. Dem Rahmenrechtscharakter der Bundesraumordnung entspricht, daß es keinen Bundesraumordnungsplan mit konkreten Maßnahmen gibt. Der Bund achtet jedoch innerhalb seiner Rahmenkompetenz auf die Verwirklichung der vorgegebenen allgemeinen Grundsätze. Darüber hinaus ist er als Träger der Bundes-Fachplanungen (Fernstraßen, Flughäfen usw.) tätig.

Die Länder erlassen eigene Landesplanungsgesetze, in denen sie die vom Bund vorgegebenen Raumordnungsgrundsätze übernehmen. Konkrete Inhalte mit Zielen und Maßnahmen sind in den Landesentwicklungsprogrammen oder Landesraumordnungsplänen festgeschrieben. Ihre Vorgaben sind für die Regionalplanung verbindlich. Diese steht zwischen Landes- und Gemeindeplanung. In den einzelnen Bundesländern wird sie unterschiedlich geregelt. So sind z. B. in Baden-Württemberg, Sachsen oder Hessen Regionalverbände bzw. Regionale Planungsgemeinschaften Träger der Regionalplanung, in Nordrhein-Westfalen Bezirksplanungsräte oder in Niedersachsen kommunale Körperschaften (u. a. die Landkreise). In Schleswig-Holstein ist die Landesplanungsbehörde auch für die Regionalplanung zuständig. Im Saarland und in den Stadtstaaten gibt es keine Regionalplanung. In den neuen Bundesländern ist sie gegenwärtig im Aufbau

	Bezeichnung	Aufgaben	Planinstrumente/Institutionen	Gesetzliche Grundlagen
Bund	Bundesraumordnung	• Aufstellung von Grundsätzen für das Bundesgebiet • Koordination der Bundesfachplanung • Koordination mit den Ländern	Bundesraumordnungsprogramm (veraltet) Ministerkonferenz für Raumordnung (MKRO)	Verfassung Bundesraumordnungsgesetz
Länder	Landesplanung	• Aufstellung von Zielen für das Bundesland • Koordination der Landesfachplanungen • Vorgaben für Regionen	Landesentwicklungspläne Landesentwicklungsprogramme Landesraumordnungspläne und -programme	Bundesraumordnungsgesetz Landesplanungsgesetze bzw. Landesraumordnungsgesetze
Regionen	Regionalplanung	• Aufstellung von Zielen für die Regionen • Vorgaben für die Gemeinden	Regionale Raumordnungspläne, Regionalpläne, Gebietsentwicklungspläne	Landesplanungsgesetze

Tab. 2: Aufbau der Raumordnung in der Bundesrepublik Deutschland; Quelle: SEIFERT 1986, S. 9

und orientiert sich an der Organisation in den alten Ländern.

Die unterste Ebene bildet die kommunale Planung. Die Gemeinden haben das Recht, Flächennutzungs- und Bauleitpläne aufzustellen, und können damit über die Nutzung von Arealen in Übereinstimmung mit den Vorgaben in den Landesentwicklungsplänen selbst bestimmen.

Laufende Raumbeobachtung

Übergeordnetes Ziel der Raumordnung ist in Deutschland die Schaffung gleichwertiger Lebensbedingungen in allen Teilräumen. Erforderlich ist dazu ein räumlich differenziertes Informations-, Berichts- und Kennziffernsystem, das rasch sowohl aktuelle Trends als auch langfristige Tendenzen erkennen, fixieren und ansprechen kann. Eine solche Datenbank besteht seit Anfang der 80er Jahre mit der "Laufenden Raumbeobachtung", welche die Bundesforschungsanstalt für Landeskunde und Raumordnung (BfLR) als nachgeordnetes Institut des Bundesministeriums für Raumordnung, Bauwesen und Städtebau zusammenstellt. Sie informiert flächendeckend und vergleichend z. B. über Bevölkerung, Arbeitsmarkt, Wirtschaft, Wohnungswesen und Wohnungsbau, medizinische Versorgung, Ausbildung usw. und schafft damit eine Grundlage zur Koordinierung raumrelevanter Maßnahmen. Die "Laufende Raumbeobachtung" ermöglicht über das zugrundeliegende räumliche Bezugssystem eine Bewertung der regionalen Unterschiede und beeinflußt damit in entscheidendem Maße die Verteilung der verfügbaren Finanzmittel wie z. B. zur Wirtschaftsförderung, Verkehrserschließung sowie zum Ausbau von Einrichtungen, zu denen die Bevölkerung Zugang haben soll. Denn Gleichwertigkeit der Lebensbedingungen heißt vor allem gleichwertige Erreichbarkeit von Zentren. Dieses räumliche Bezugssystem lehnt sich aus naheliegenden Gründen an die Raumordnungsregionen der Länder an (→Abb. 7). Gerade in jüngerer Zeit ist es notwendig, eine Typisierung der Raumordnungsregionen auf funktionaler Basis festzulegen. Nur voll ausgestattete Oberzentren mit in der Regel mindestens 100 000 Einwohnern ermöglichen eine breite Vielfalt von Einrichtungen jeglicher Art, welche den Ansprüchen unterschiedlicher Bevölkerungsgruppen genügen kann. Übrigens sind nicht nur die Zentralität für die regionale Entwicklung sowie für die bestehenden Lebensbedingungen entscheidend, sondern auch die Größe und Differenzierung des Arbeitsmarktes, die Bevölkerungsentwicklung und -struktur sowie die Ausbildungsmöglichkeiten. Damit wären "Zentralität" (Einwohner im größten Oberzentrum) und "Verdichtung" (Einwohner je km²) relevante Indikatoren zu einer siedlungsstrukturellen Typisierung der Raumordnungsregionen. Die BfLR weist drei Regionstypen aus (→Abb. 7):

• *Regionen mit großen Verdichtungsräumen* – Regionen mit einer Bevölkerungsdichte von mindestens 300 Ew./km² und/oder einem Oberzentrum von über 300 000 Einwohnern,

• *Regionen mit Verdichtungsansätzen* – Regionen mit einer Bevölkerungsdichte von durchschnittlich über 150 Ew./km² und in der Regel einem Oberzentrum von mindestens 100 000 Einwohnern,

• *Ländlich geprägte Regionen* – Regionen mit einer Bevölkerungsdichte von weniger als 100 Ew./km², ohne Oberzentrum mit 100 000 und mehr Einwohnern.

Neue Aufgaben der Raumordnung

Aus der deutschen Einheit ergeben sich in vielfacher Weise aufgrund des größeren

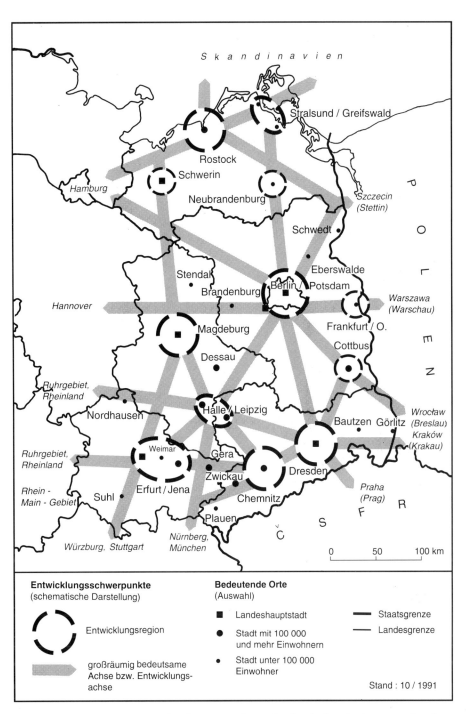

Abb. 8: Entwicklungsschwerpunkte der Raumordnung für den Aufbau in den neuen Bundesländern; Quelle: BMBau, 1991b

Staatsgebietes, neuer Lagebeziehungen einzelner Landesteile sowie veränderter Raumstrukturen neue Anforderungen an die Raumordnung. Die schwierigste Aufgabe besteht aber darin, zwei so große Gebiete, welche über 40 Jahre von unterschiedlichen Gesellschafts-, Wirtschafts- und Rechtssystemen geprägt wurden, zu einer Einheit zusammenzuführen. Vorrangig geht es dabei um die Sicherung einer ausgewogenen Siedlungsstruktur, um die Förderung strukturschwacher Regionen und generell um den Ausgleich zwischen Räumen mit unterschiedlichem Entwicklungsstand.

Diese den regionalen Interessen entsprechend formulierten Raumordnungsziele widersprachen der raumplanerischen Praxis in der ehemaligen DDR. Die "Territorialplanung" beruhte auf den theoretischen Grundlagen des Marxismus-Leninismus. Sie verfolgte im Kern eine allumfassende gesellschaftliche Entwicklung. Höchstes Organ war die Staatliche Plankommission, die zentrale Planungsvorgaben von SED und Regierung umzusetzen hatte. Regionale Interessen fanden dabei so gut wie keine Berücksichtigung, da das "Gegenstromprinzip" (→Abb. 1), die Einbeziehung von Vorstellungen auf verschiedenen Ebenen, nicht angewandt wurde.

Um nun die großräumigen Unterschiede zwischen den neuen und den alten Ländern zu verringern, sollen in einer ersten Phase unter Einbeziehung der zur Verfügung stehenden Finanzmittel die Entwicklung und Stärkung von Städten vorangetrieben werden (→Abb. 8; IV.1). Die Maßnahmen konzentrieren sich auf den Ausbau der Infrastruktur, auf die Verbesserung der Wohnqualität und auf die Umweltsituation (→III.2). Die wirtschaftliche Stärkung dieser Entwicklungsschwerpunkte soll die dortigen Städte in die Lage versetzen, ihre gewünschte Dynamik aus eigener Kraft voranzutreiben und auch notwendige Impulse an den ländlichen Raum abzugeben. Neben dieser eher standortspezifischen Förderung muß ein verbesserter Austausch zwischen den Regionen über den Ausbau von Verkehrsachsen sowie Versorgungsnetzen ermöglicht bzw. verstärkt werden (→V.2).

I.4 Die innerdeutsche Grenze fällt

Am 9. November 1989 sah sich die damalige Regierung der DDR aufgrund des politischen Druckes der eigenen Bevölkerung gezwungen, die ersten Grenzübergänge zur früheren Bundesrepublik und nach West-Berlin für den freien Reiseverkehr zu öffnen. Die ehemalige innerdeutsche Grenze, dieses "Bauwerk des real existierenden Sozialismus", konnten die Menschen der ehemaligen DDR nur in Ausnahmefällen passieren. Freies Reisen war nur eingeschränkt möglich. Die erforderliche Genehmigung für Fahrten ins Ausland wurde nur bestimmten Gruppen erteilt: alten Menschen, z. B. ausgewählten Wissenschaftlern, Künstlern und Wirtschaftsexperten sowie Personen, die dringende Familienangelegenheiten wahrnehmen wollten. Bei dem Versuch, die innerdeutsche Grenze ohne Erlaubnis zu überwinden, haben viele Menschen aufgrund des ausgegebenen Schießbefehls oder wegen der eingebauten Selbstschußanlagen ihr Leben verloren.

Die Grenze

Nach 1945 war es zunächst eine "grüne" Grenze, kaum bewacht, aber spätestens seit dem Mauerbau am 13. August 1961 in Berlin immer perfekter befestigt, zuletzt bestand sie als lückenloses System von Sperranlagen mit Beobachtungstürmen, Erdbunkern, optischen und akustischen Signalanlagen usw. (→Abb. 9). Auf der Länge von etwa 1 400 km querte sie Ackerflächen und Wälder, Natur- und Landschaftsschutzgebiete, den Braunkoh-

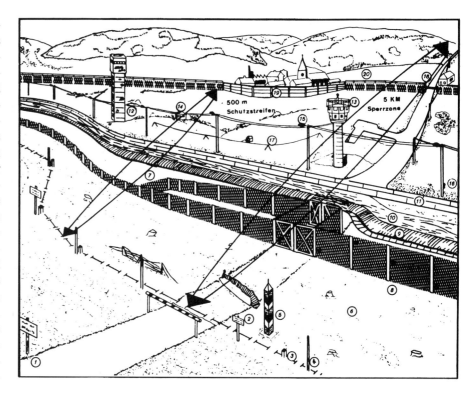

1) Grenzhinweisschild
2) Grenzwarnschild
3) Grenzverlauf mit Grenzsteinen
4) Grenzhinweispfahl
5) DDR-Markierungssäule (ca 1,80 m hoch)
6) unterschiedlich tiefer Geländestreifen (abgeholzt und geräumt)
7) Zweireihiger Metallgitterzaun (ca. 2,40 m hoch, Zwischenraum vermint)
8) Einreihiger Metallgitterzaun (ca. 3,20 m hoch) mit Selbstschußanlagen
9) Kfz-Sperrgraben (mit Betonplatten befestigt)
10) 6 m breiter Spuren-Sicherungsstreifen
11) Kolonnenweg
12) Beton-Beobachtungsturm
13) Beton-Beobachtungsturm mit Führungspunkt
14) Beton-Beobachtungsbunker
15) Lichtsperre
16) Grenzmeldenetz – Kontaktpunkt
17) Hundelaufanlage
18) Kontrollpassierpunkt
19) Betonsperrmauer/Sichtblende (ca. 3,30 m hoch)
20) Schutzstreifenzaun mit elektrischen und akustischen Signalanlagen

Abb. 9: Sperranlagen an der ehemaligen innerdeutschen Grenze
Quelle: RITTER & HAJDU 1982, S. 44

Bild 1: Ein Blick von Mödlareuth/Bayern nach "drüben" – Mödlareuth/Thüringen – vor der Grenzöffnung (E. SAMMER)

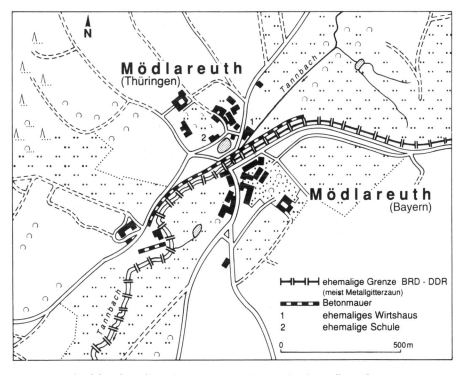

	ehemalige Grenze BRD - DDR (meist Metallgitterzaun)
	Betonmauer
1	ehemaliges Wirtshaus
2	ehemalige Schule

0   500m

Abb. 10: Verlauf der ehemaligen innerdeutschen Grenze durch Mödlareuth
Quelle: FRANK 1991, S. 14

lentagebau im Raum Helmstedt, ein Kali-Abbaufeld, legte Eisenbahn- und Straßenverbindungen still (→V.2), verkleinerte das Hinterland vieler Städte wie das Hamburgs, Lübecks oder Magdeburgs, trennte dicht beieinander liegende Dörfer, schnitt sogar den Straßenverlauf innerhalb von Siedlungen abrupt ab (→Bild 1, Abb. 10). Manche Städte und Regionen hatten aber auch als Folge der Grenzziehung einen Funktionsgewinn zu verzeichnen. So erlangte das Rhein-Main-Gebiet etwa eine Mittelpunktslage. Der 1990 begonnene Abbau der Grenzanlagen wird noch Jahre dauern. Reste sollen als Mahnmale erhalten bleiben.

Die Grenzräume bis zum 9. November 1989

Die Regionalentwicklung vollzog sich zu beiden Seiten der Grenze sehr unterschiedlich. Die Bundesregierung wies entlang der Grenze zur CSFR sowie zur ehemaligen DDR ein spezielles Fördergebiet (→IV.1), das Zonenrandgebiet, aus und versuchte, mit Zuschüssen für Investitionsvorhaben der gewerblichen Wirtschaft sowie mit dem Ausbau der Infrastruktur (u. a. Bau des Elbe-Seiten-Kanals) die Benachteiligung des peripher liegenden Grenzraumes bez. Ausbildungsmöglichkeiten, Arbeitsplatzangebot, Verdiensthöhe und Wirtschaftskraft zu mildern (Zonenrandförderungsgesetz, 1971 vom Bundestag verabschiedet). Zwar entstand im Zonenrandgebiet kein neuer prosperierender Raum, doch wurde ein merkbares Zurückbleiben der Lebensbedingungen im Vergleich zur Entwicklung im früheren Bundesgebiet insgesamt verhindert. Auf der östlichen Seite erklärte die Regierung der ehemaligen DDR einen zeitweise bis zu 5 km breiten Streifen entlang der Grenze zum Sperrgebiet. Das bedeutete u. a., daß sich nur die dort ansässige Bevölkerung in dieser Zone aufhalten durfte, Einreisen selbst von DDR-Bürgern gesondert genehmigt werden mußten, ein Zuzug aus anderen Gebieten der ehemaligen DDR nicht möglich war. Politisch unliebsame Menschen wurden ausgesiedelt – man schätzt 50 000 –, Ortsteile oder Gebäude riß man ab, wenn sie die Sicht über das Grenzgebiet behinderten.

Nach der Vereinigung der beiden deutschen Staaten rückten beide Grenzregionen mitten ins Zentrum Deutschlands. Aus einer jeweiligen "Randlage" wurde eine "Mittelpunktslage" innerhalb Europas. Es bleibt abzuwarten, wie sich diese neue Eigenschaft auf lokale und regionale Entwicklungsimpulse auswirkt.

Die ehemaligen Grenzräume nach dem 9. November 1989

Die Schließung bestehender Lücken im Verkehrswegenetz ist für den Wirtschaftsaufschwung eine Voraussetzung unter vielen (→Abb. 11; V.2). Medienwirksam und unter großer Anteilnahme der ortsansässigen Bevölkerung verliefen die bisherigen Lückenschließungen ehemaliger Eisenbahn- und Straßenverbindungen. In der Regel wurde der frühere Trassenverlauf wieder genutzt, in jedem Falle aber verkehrstechnisch modern ausgerüstet. Die Öffnung der Grenzanlagen auch an Straßen zwischen kleinen Orten stellt

15

mittlerweile den lückenlosen, flächendeckenden Austausch von Gütern und den Zutritt von Personen sicher. Die Wiederbelebung der wirtschaftlichen und kulturellen Beziehungen aus der Vorkriegszeit zu neuen Strukturformen bietet sich an. Erste Impulse sind beispielsweise im Vogtland gegeben. Gerade dem Städtedreieck Plauen (Sachsen), Hof (Bayern) auf deutscher und Eger auf tschechischer Seite werden als einer Region mit intensiven wirtschafts- und sozialräumlichen Beziehungen vor 1945 gute Entwicklungschancen vorausgesagt. Dabei könnten nicht nur die thüringischen, sächsischen und fränkischen, sondern auch die böhmischen Teilregionen zu einem Ganzen integriert und so dem europäischen Gedanken einer staatsübergreifenden Zusammenarbeit der Weg geebnet werden.

Gibt es heute bereits stabile wirtschafts- und sozialräumliche Kontakte innerhalb der ehemaligen Grenzgebiete? Spontan hat sich der Besuchs- und Einkaufsverkehr entwickelt. Man trifft sich schnell einmal bei Freunden und Verwandten, etwas niedrigere Preise bei Waren des periodischen und aperiodischen Bedarfs in den alten Bundesländern ziehen Käufer aus dem Osten an, in umgekehrter Richtung bewegt sich der Käuferstrom bei Inanspruchnahme des kostengünstigen Dienstleistungssektors in den neuen Bundesländern. Die Suche nach einem neuen Arbeitsplatz westlich der ehemaligen Grenze verläuft für Ostdeutsche in der Regel erfolgreich. Der dadurch entstehende tägliche Zeitaufwand bis zu drei oder sogar vier Stunden wird in Kauf genommen (→Abb. 11).

Auf den Fremdenverkehr als Arbeitsplatzgeber setzt man im Harz. An Sonnentagen erreichen bis zu 25 000 Menschen das 1 142 m hohe Plateau des Brockens, der höchsten Erhebung im Harz. Offen ist für den Ostteil noch, welche Planungsstrategie im einzelnen verfolgt wird. Der Bau von Wanderwegen, Pisten,

Deutschland wächst dort am schnellsten zusammen, wo es am schmerzlichsten getrennt war. An der Grenze. Alte Verbindungsstraßen, 40 Jahre zu Feldwegen mit Sackgassencharakter degradiert, erleben ihre bituminöse Wiederauferstehung und nie gekannte Fahrzeugströme. Vor allem Einwohner der Grenzorte im Osten wissen jede neu eröffnete alte Straße zu würdigen. Denn oft läßt sich dadurch der Weg zur neuen Arbeit im Westen verkürzen.

Aus der südwestthüringischen Gemeinde Geismar haben, so schätzt der Bürgermeister, inzwischen mehr als zwei Drittel der berufstätigen Bevölkerung Arbeit im benachbarten Bundesland Hessen gefunden. Während in der ebenfalls zum Landkreis Bad Salzungen gehörenden, allerdings knapp 40 Kilometer "landeinwärts" gelegenen Industriegemeinde Steinbach fast alle Einwohner des Ortes ohne Arbeit sind, gibt es in Geismar nicht einen Arbeitslosen. Allerdings hat der Bürgermeister nun Mühe, seine acht Stellen für Arbeitsbeschaffungsmaßnahmen im Ort zu besetzen. Ähnlich sieht es in der Nachbargemeinde Spahl aus, wo von 150 Arbeitnehmern bereits 135 täglich in den Westen zur Arbeit fahren.

"Täglich kommen etwa 3 000 Pendler aus Thüringen in unseren Kreis", berichtet der Sprecher des Arbeitsamtes Fulda. Im hessischen Grenzkreis hätten Unternehmen und Handwerksbetriebe vor der Grenzöffnung unter erheblichem Fachkräftemangel gelitten. Das hat sich grundlegend geändert. Angaben des Arbeitsamtes zufolge kommt im Baugewerbe schon jetzt jeder zehnte Arbeitnehmer aus dem benachbarten Thüringen. In einer Baufirma im Rhönstädtchen Tann, das durch die Grenzöffnung wieder sein "angestammtes Hinterland" zurückgewann, sei schon die Hälfte aller Mitarbeiter aus Thüringen. Diese Fakten decken sich mit den Erfahrungen des Geismarer Bürgermeisters: "Von den Bauleuten arbeitet keiner mehr zu Hause." Da vor allem junge Leute abwanderten, sei die Grenzöffnung für manchen West-Betrieb wie ein Jungbrunnen. Weil die ostdeutschen Arbeitnehmer in der Regel dort merklich mehr verdienen als zu Hause, wird die Pendelei weitergehen. Rund 60 000 Thüringer haben schon Arbeit im Westen gefunden.

Abb. 11: Jeden Tag von "hüben nach drüben" und zurück
Quelle: Deutsches Landblatt vom 29. August 1991; gekürzt und leicht verändert

Loipen, Hotels und Gaststätten fördert sowohl die Naherholung am Wochenende als auch den Aktivurlaub, doch erfordert der Status als Nationalpark (→III.3) eine hohe Landschaftsverträglichkeit des Fremdenverkehrs.

Welchen Teil des ehemaligen Grenzraumes man auch betrachtet, die Zusammenarbeit über die Grenzen der Bundesländer hinweg zur Lösung kommunaler und regionaler Probleme muß erst noch an Profil gewinnen. Vielfach stehen entsprechende gesetzliche Regelungen noch gar nicht zur Verfügung. Die Diskussion um die Lösung anstehender Schwierigkeiten hat begonnen. Die auf westdeutscher Seite vorhandene Verwaltungser-

fahrung bei der Wirtschaftsförderung ist für die ostdeutschen Grenznachbarn außerordentlich hilfreich. Der Wunsch nach Gewerbeansiedlung, nach Sanierung von Bausubstanz usw. ist hier verständlicherweise aufgrund eines enorm großen Nachholbedarfs sehr ausgeprägt. In den thüringischen Grenzkreisen Sonneberg, Hildburghausen, Meiningen, Bad Salzungen und Saalfeld beispielsweise bewarben sich 1991 schon 13 westdeutsche Firmen um neue Gewerbestandorte, das sind immerhin fast 28 % der Anmeldungen insgesamt. Dennoch: Konkurrenz und Wettbewerbsdruck sind dabei nicht ausgeschaltet - im Gegenteil! Es ist kein leichter Weg für ostdeutsche "Grenz"gemeinden!

II. Bevölkerung und Siedlung

II.1 Wo wohnen 80 Millionen Menschen?

Rein statistisch gesehen ist die deutsche Bevölkerung in hohem Maße stadtgebunden. Allein ein Drittel der Menschen lebte 1990 in 83 Großstädten mit mindestens 100 000 Einwohnern und nur knapp 10 % in Gemeinden mit weniger als 2 000 Personen. Allerdings verlagerte sich in den alten Bundesländern seit etwa 1960 nach der Wiederaufbauphase der im Krieg zerstörten Großstädte die Gewichtung zugunsten der Klein- und Mittelstädte (20 000 bis unter 100 000 Ew.). Sie verzeichneten eine positive Bevölkerungsentwicklung, welche auch deutlich über der im früheren Bundesgebiet lag, während in den Großstädten die Einwohnerzahlen zurückgingen.

"Leben in der Stadt" - das bedeutet in Deutschland eine Vielzahl hochqualifizierter Arbeitsplätze, raschen Zugang zu einem dichten Verkehrsnetz (→V.2), einen leistungsfähigen Einzelhandel, vielfältige Möglichkeiten der Freizeitgestaltung, auch durch ein hochwertiges Kulturangebot, aber auch manchmal Entfremdung, soziale Differenzierung, Einsamkeit, Kriminalität. Von staatlicher Seite förderte man seit Anfang der 70er Jahre die Kernstädte, legte Fußgängerzonen in den Innenstädten an, modernisierte den Wohnungsbestand, gestaltete das Wohnumfeld durch verkehrsberuhigte Zonen attraktiver, unterstützte die Verlegung von Betrieben aus Wohnvierteln in neu ausgewiesene Gewerbegebiete am Stadtrand.

Städtesystem in Deutschland

Abbildung 12 verdeutlicht eine ausgewogene regionale Verteilung der Großstädte. Die drei Millionenstädte Berlin (3,3 Mio. Ew.), Hamburg (1,6 Mio.) und München (1,2 Mio.) sowie die viertgrößte Stadt Köln (0,95 Mio.) spannen ein Viereck auf, in dem fast alle großen Verdichtungsräume Deutschlands liegen. Dabei stehen sich Hamburg und München im stadtearmen Norden und Süden gegenüber, der Rhein-Ruhr-Raum im Westen bildet das Gegengewicht zu Berlin im Osten, der ebenfalls eine geringe Dichte großstädtischer Siedlungen besitzt.

Drei Städtebänder (→Abb. 12) bestehen. Das eine beginnt in Hamburg im Norden, zieht sich über Bremen, Münster

Bild 2: Skyline von Frankfurt am Main
Quelle: Staatliche Landesbildstelle Hessen, Frankfurt am Main

in das Rhein-Ruhr-Gebiet mit Köln, Essen, Dortmund, Düsseldorf sowie Duisburg als den großen Zentren von über 500 000 Einwohnern, setzt sich entlang der Rhein-Achse (→V.1) über Frankfurt/Main und Mannheim bis Karlsruhe fort und teilt sich dann auf in Richtung Süden nach Freiburg im Breisgau sowie über Stuttgart, Augsburg nach München im Südosten. Ein zweites beginnt in Berlin, verläuft über Halle, Leipzig, Nürnberg und endet ebenfalls in München. Ein drittes zieht sich in west-östlicher Richtung entlang der Mittelgebirgsschwelle von Aachen über den Rhein-Ruhr-Raum, über Münster, Bielefeld, Hannover, Braunschweig, Magdeburg, Halle, Leipzig bis nach Dresden mit einem Seitenarm in das Thüringer Becken nach Erfurt. Ausgesprochen städtearme Gebiete sind das Emsland im Westen von Niedersachsen, Schleswig-Holstein, Mecklenburg-Vorpommern, die nördlichen Teile von Sachsen-Anhalt und Brandenburg sowie die Grenzräume zu CSFR und Österreich.

Diese Städteverteilung drückt sich nachhaltig in den regionalen Unterschieden der Bevölkerungsdichtewerte aus (→Abb. 13). Im Jahre 1989 betrug der mittlere Wert 222 Ew./km². Auffallend ist zunächst die sehr niedrige Dichte in den ländlichen Gebieten der ehemaligen DDR, wo sie in Landkreisen von Bran-

denburg und Mecklenburg-Vorpommern unter 40 Ew./km² liegt. In den ländlichen Räumen der alten Bundesländer schwankt die Bevölkerungsdichte zwischen 70 und 120 Ew./km². Zu nennen sind z. B. große Teile Niedersachsens und Schleswig-Holsteins, die Eifel, die Oberpfalz und der Bayerische Wald. Dagegen sind die Agglomerationen in Ost- wie in Westdeutschland von einer ähnlich hohen Verdichtung charakterisiert. Ihre Verteilung zeichnet die beschriebenen Städtebänder und Verkehrsachsen (→V.1) nach, welche sich schon Ende des 19. Jh.s herauskristallisierten.

Neben der regional relativ gleichmäßigen Verteilung der deutschen Städte ist ihre ausgewogene Größenstruktur ein weiteres Charakteristikum. Es fehlt eine dominante nationale Metropole wie z. B. Paris in Frankreich, London in Großbritannien oder Budapest in Ungarn. Berlin hatte vor 1945 diese Rolle übernommen, doch stärkte die föderalistische Struktur (→L.2) stets regionale Zentren von zumindest nationaler Bedeutung und begünstigte damit eine ausgeglichene Stadtgrößenverteilung. Diese Tendenz festigte sich noch mit der politischen Teilung Deutschlands und Berlins nach dem Zweiten Weltkrieg. Etliche Funktionen gingen auf Städte im Westen über. So wurde Bonn Hauptstadt, Frankfurt erhielt den Sitz der

Abb. 12: Kreisfreie Städte in der Bundesrepublik Deutschland mit 100 000 und mehr Einwohnern
Quelle: Deutscher Städtetag 1991, S. 90; ergänzt

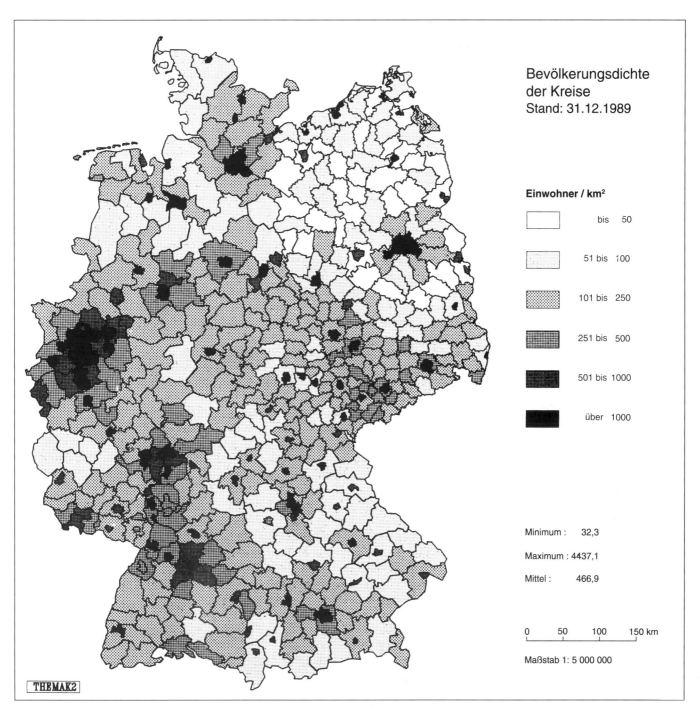

Abb. 13: Bevölkerungsdichte in den Kreisen der Bundesrepublik Deutschland (31.12.1989)
Quelle: Statistisches Bundesamt 1990

Deutschen Bundesbank, und ihr folgten alle großen Kreditinstitute (→Bild 2), Industrieunternehmen verlegten ihre Zentralen wie die Siemens AG nach München, und auch kulturelle Einrichtungen verließen Berlin (z. B. Filmstadt München).

Diese Aufzählungen lassen bereits eine funktionale Spezialisierung vieler Städte erkennen. Hinsichtlich der Wirtschaftsstruktur sind verschiedene Typen zu nennen: Eine besonders dominante Rolle spielt der Dienstleistungsbereich in den Universitäts- und Landeshauptstädten wie Kiel oder Mainz sowie in der früheren

Bundeshauptstadt Bonn. Der tertiäre Sektor ist prägend in Düsseldorf, Köln, Frankfurt (→Bild 2) und München, in Hamburg (→Bild 3), Bremen und Lübeck (Hafen). Dagegen überwiegt das produzierende Gewerbe in den Städten des Ruhrgebiets (Duisburg, Bochum, Dortmund), des Südwestens (Stuttgart, Mannheim, Heilbronn) sowie in fast allen Großstädten der ehemaligen DDR. Ausgeprägte Industriestandorte, in denen zugleich *ein* Unternehmen die ökonomische Basis dominiert, sind Ludwigshafen/Rhein (→Bild 4), Leverkusen oder Wolfsburg, das als jüngste Großstadt erst 1938 gegründet wurde.

Entwicklung des Städtesystems
Die allermeiste Zahl der heutigen Städte geht auf mittelalterliche Gründungen zurück, die sich im 12. bis 14. Jh. aufgrund territorialpolitischer Interessen der zahlreichen Adelsherrschaften häuften. Verliehene Münz-, Zoll- und Marktrechte gaben diesen Siedlungen eine rechtliche Basis. Entscheidend für eine anschließend prosperierende Entwicklung war neben dem Gewerbe vor allem der Handel, der besonders verkehrsgünstige Standorte bevorzugte: Lage an den ganz Europa durchquerenden Fernhandelswegen (z. B. Augsburg, Nürnberg), deren Nachfolger

heute z. T. ausgebaute Europastraßen sind, an einer Furt (Frankfurt/Oder), an einer hafengünstigen Stelle von Nord- oder Ostsee (Hamburg, Lübeck), an der Grenze verschieden ausgestatteter Naturräume, deren Wirtschaftsstruktur sich ergänzte. Hierzu zählen besonders die Städte am Nordrand der Mittelgebirgsschwelle (Dortmund, Soest, Braunschweig) oder an den Rändern des Oberrheinischen Tieflandes (Heidelberg, Freiburg). Aber auch Erzfunde (Goslar, die "Silberstädte" im Erzgebirge), die römischen Städte (Trier, Köln, Mainz) oder Residenz- und Festungsstädte (Mannheim, Karlsruhe, →II.2) bewirkten schon immer eine differenzierte Stadtgestaltung und Funktionsvielfalt.

Die Industrialisierung löste eine neue Hauptperiode des Städtewesens aus; ökonomische Faktoren traten jetzt bei Neugründungen und bei der städtischen Entwicklung in den Vordergrund. Bergbau und produzierendes Gewerbe schufen vor allem in den nur wenig über ihren mittelalterlichen Kern hinausgewachsenen Städten neue Arbeitsplätze, die einen massiven Zustrom der Bevölkerung aus den ländlichen Gebieten verursachten. Die Wanderungsbewegungen führten zu einem bis dahin nicht gekannten städtischen Wachstum. Günstig für die Ansiedlung von Fabriken war die Nähe zu den Lagerstätten der Steinkohle, die im vorigen Jahrhundert zur Energieerzeugung unabdingbar war. Besonders intensiv verlief daher die Stadtentwicklung im Ruhrgebiet (→IV.3). Gleichzeitig begünstigte der etwa 1840 beginnende Ausbau der Eisenbahnverbindungen die Tiefenlinien entlang der Täler und Gebirgsrandwege gegenüber den alten Höhenwegen. Zu dieser Bewertung trug die Flußschiffahrt (z. B. Ausbau des Rheins bis Mannheim/ Ludwigshafen und Einführung der Dampfschiffe auf den großen Flüssen) ebenfalls bei. Mit Beginn der Industrialisierung veränderten neue Standortfaktoren das städtische System in Deutschland. Die Nähe zu Rohstoffen (Steinkohle) sowie eine gute Erreichbarkeit durch die neuen Verkehrsmittel förderten eine prosperierende städtische Entwicklung. Diese Dynamik setzte sich mit der Einführung neuer Technologien (z. B. elektrische Energie, Otto-Motor, kleinere und leichtere Produkte) fort, ergab damit sich ändernde Standortanforderungen sowie -bewertungen, so daß heute die Agglomerationen von Frankfurt/Main, Stuttgart sowie München zu den strukturstar-

Bild 3: Blick über den Hamburger Hafen
Quelle: Staatliche Landesbildstelle Hamburg

ken Räumen zählen und eben nicht mehr das Ruhrgebiet (→IV.2, IV.3).

Steigender Lebensstandard, fortschreitende Motorisierung, Streben nach dem eigenen Heim, der Wunsch, im Grünen zu leben - gefördert auch durch staatliche Zuschüsse - begünstigten seit etwa Mitte der 60er Jahre, daß zahlreiche westdeutsche Haushalte aus ihren Mietwohnungen mit damals oft schlechter Wohnqualität in Richtung Umland in das eigene Haus wegzogen. Diese Suburbanisierungsprozesse, die Verlegung des Wohnsitzes über die Stadtgrenze unter Beibehaltung des Arbeitsplatzes in der Kernstadt,

sind bei den regionalen Bevölkerungsveränderungen im früheren Bundesgebiet gut zu erkennen (→Abb. 14):
• Hohe Verluste von über 8 % verzeichnen alle Großstädte. Nur sehr peripher gelegene Kreise in ländlich geprägten Regionen wie z. B. entlang der Grenze zur CSFR oder in Rheinland-Pfalz weisen eine ähnlich negative Bevölkerungsentwicklung auf.
• Hohe Zunahmen der Einwohnerzahlen von mindestens 15 % liegen vor allem in Kreisen vor, die dem Umland der Großstädte zuzurechnen sind. Dies gilt für Hamburg, Hannover und Kassel genauso

Bild 4: BASF-Werksgelände in Ludwigshafen/Rhein
Quelle: Landesbildstelle Rheinland-Pfalz (freigegeben durch Bezirksregierung Rheinhessen-Pfalz Nr. 5856-2)

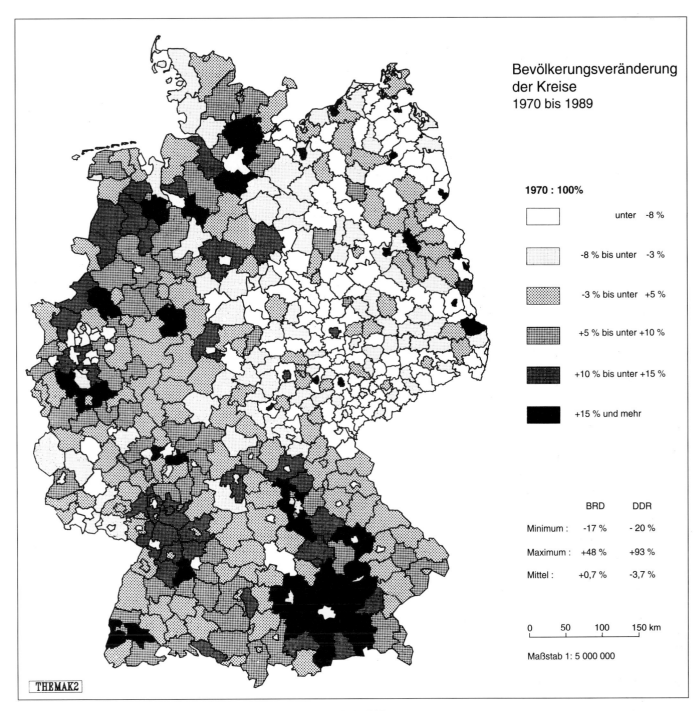

Abb. 14: *Bevölkerungsveränderungen im vereinten Deutschland (1970-1987)*
Quelle: Statistisches Bundesamt 1989

**Bevölkerungsveränderung
der Kreise
1970 bis 1989**

1970 : 100%

	unter -8 %
	-8 % bis unter -3 %
	-3 % bis unter +5 %
	+5 % bis unter +10 %
	+10 % bis unter +15 %
	+15 % und mehr

	BRD	DDR
Minimum :	-17 %	- 20 %
Maximum :	+48 %	+93 %
Mittel :	+0,7 %	-3,7 %

0 50 100 150 km

Maßstab 1: 5 000 000

THEMAK2

wie für Frankfurt, Stuttgart oder München.

Am besten spiegeln zwei Zahlen die nach 1970 stattgefundenen regionalen Bevölkerungsveränderungen in den alten Bundesländern wider: Den stärksten Rückgang verzeichnete mit -17,3 % Düsseldorf, die höchste Zunahme dagegen das Umland von München mit +48,4 %.

Ganz anders stellen sich die Bevölkerungsverluste im Gebiet der ehemaligen DDR dar. Auffällig ist zunächst, daß die Zahl der Kreise mit einem mehr oder minder starken Rückgang der Einwohnerzahlen deutlich überwiegt. Die ehe-

malige DDR war seit ihrer Existenz Abwanderungsland, und über 3 Mio. ihrer Bürger verließen sie in Richtung früheres Bundesgebiet. Weiterhin ist die positive Bevölkerungsentwicklung der meisten Großstädte bemerkenswert. Die staatlich gelenkte Bautätigkeit konzentrierte sich auf die Errichtung großer Wohnsiedlungen am Stadtrand der Großstädte (→II.2). Im übrigen waren private Initiativen zum Bau eines Eigenheimes erschwert.

Ländliche Siedlungen
Das Leben auf dem Lande, in den Dörfern, wird nicht selten mit "naturver-

bunden", "gesund" und "ökologisch" umschrieben. Es sei dahingestellt, inwieweit dies zutrifft. Ein Gefühl von "ländlicher Einöde" und Abgeschiedenheit kommt schon wegen der Siedlungsdichte kaum auf. Wer heute auf dem Land lebt, arbeitet häufig nicht mehr dort. Zwar treten land- und forstwirtschaftliche Berufsgruppen stärker hervor, jedoch fahren tagtäglich Tausende "in die Stadt", um berufs- oder ausbildungsadäquat tätig zu sein. Landwirtschaft z. B. wird in Großstadtnähe häufig nur noch im Zu- oder Nebenerwerb auf kleinen Flächen betrieben.

Nicht nur für Touristen von Interesse

21

sind die dörfliche, ländliche Bebauung, die von Landschaft zu Landschaft wechselnden Siedlungs-, Flur- und Hausformen. Bekannt sind das Schwarzwaldhaus (→Bild 5), das Niederdeutsche Hallenhaus oder das Lausitzer Umgebindehaus (→Bild 6). Entstanden vor hundert und mehr Jahren aus ortstypischen Baumaterialien, sind sie Zeichen der damals engen Verknüpfung von Wohnen und Arbeiten unter einem Dach. Vielfach erhalten sind fränkische Drei- und Vierseithöfe.

Es gibt auch Unterschiede in der Gestaltung von Siedlung und dazugehöriger Flur. Trotz vielfacher Transformationen und Erweiterungen kann der ursprüngliche Grundriß rekonstruiert werden. Anhand des Alters lassen sich stark vereinfacht zwei Typen herausstellen. In den frühgeschichtlich bis ins 10. Jh. besiedelten sog. Altlandschaften, d. h. die Becken und Senken in der Mittelgebirgszone sowie die Börden (→III.1), aber auch Altmoränengebiete Nordwestdeutschlands, entwickelten sich Einzelhöfe zu Gehöftgruppen oder Weilern und schließlich bei fortschreitendem Bevölkerungswachstum zu Haufendörfern (→Bild 7). Durch Parzellierung entstanden Gewannfluren, das sind Teile der Dorfgemarkung, welche unter mehreren Besitzern streifenförmig aufgeteilt waren und aufgrund der Gemengelage eine einheitliche Bewirtschaftung (Flurzwang), in der Regel die Dreifelderwirtschaft (Winterfrucht, Brache, Sommerfrucht), mit Überfahrtsrechten erforderten.

Das Jungsiedelland umfaßt dagegen Gebiete, die etwa seit dem 11. Jh. von einer gelenkten Rodungstätigkeit erfaßt wurden. Hierzu zählen vor allem die mit Wald bestandenen Mittelgebirge. Bei weiterhin bestehendem Landbedarf griff diese Binnenkolonisation auch auf die Fluß- und Seemarschen an der Nordseeküste sowie auf die Moore in Nordwestdeutschland über. Im Jungsiedelland überwog die regelhafte Orts- und Flurform. Beispiele sind die Waldhufendörfer im Schwarzwald (→Bild 8) und im Erzgebirge, die Hagenhufendörfer im Weserbergland oder die Marschhufendörfer in den Flußniederungen von Weser und Elbe. Neben dieser Binnenkolonisation ist auf die hochmittelalterliche deutsche Siedlungstätigkeit östlich von Elbe und Saale zu verweisen. Auch hier dominierten regelhafte Siedlungsformen wie z. B. das Straßen- und Angerdorf. Diese nur grobe Differenzierung blieb seit dem Spätmittelalter bis 1945 trotz Wüstungsperioden,

Bild 5: Traditionelles Schwarzwaldhaus in Bernau
Quelle: Landesbildstelle Baden

wiederholter Ausbau- und Landgewinnungsphasen, Gutsbildung, Verkoppelung, sozialer und technischer Veränderungen seit der Industrialisierung erhalten. Nach dem Zweiten Weltkrieg verlief die Entwicklung in Ost- und Westdeutschland sehr unterschiedlich.

Entwicklung der ländlichen Siedlungen seit 1945

Der Wandel von der Agrar- zur Dienstleistungsgesellschaft (→IV.1) bewirkte in Westdeutschland gravierende bauliche und funktionale Veränderungen in den ländlichen Siedlungen. Kennzeichnend

Bild 6: Lausitzer Umgebindehaus in Sohland/Spree
Quelle: Sächsische Landesbibliothek, Abt. Deutsche Fotothek

für die Entwicklung nach dem Zweiten Weltkrieg waren die sich beschleunigende Mechanisierung der Landwirtschaft, die fortschreitende Spezialisierung der Produktion, der zahlenmäßige Rückgang der Betriebe, die ständig wachsende mittlere Betriebsgröße (→IV.6). Viele Dorfbewohner fanden Arbeitsplätze in den Städten, kauften dort auch ein, so daß die kleinen Läden in den Dörfern wie Bäcker oder Metzger oft schließen mußten. Zudem verlor das dörfliche Handwerk aufgrund des Maschineneinsatzes seine Existenzgrundlage. Die kommunale Neugliederung in den 60er und 70er Jahren verschärfte noch die Versorgungsprobleme, da öffentliche Einrichtungen wie Schule und Post vor allem im zentralen Ort der Verbandsgemeinde konzentriert wurden. Ein Teil der Bausubstanz im alten Dorfkern verlor seine traditionellen Funktionen. Die Dorfschule stand leer, das Wirtshaus oder der Dorfkrug waren geschlossen, Bauernhöfe wurden aufgegeben, teilweise zu reinen Wohnzwecken umgebaut. Die Flurbereinigungsverfahren förderten anfangs die Aussiedlung der Hofstellen auf arrondierte Flächen in der offenen Feldmark, um die ökonomischen Bedingungen zu verbessern (→Bild 9).

Gleichzeitig expandierte das Dorf um ein Vielfaches. Einheimische, Flüchtlinge und vor allem zuziehende Städter errichteten am Ortsrand Wohnhäuser in städtischer Bauweise. Die dörfliche Gemeinschaft änderte sich. Die Landwirtschaft verlor ihren führenden Stellenwert. Die Bauern sind heute oft eine Minderheit in den Gemeinderäten. Zwischen der ehemaligen dörflichen Bevölkerung und den Zugezogenen fehlen häufig Kontakte, sie gehören unterschiedlichen Sozialgruppen an.

Seit etwa Mitte der 70er Jahre gewinnt die Erhaltung und Wiederbelebung der ländlichen Siedlungen an Bedeutung. Das 1976 novellierte Flurbereinigungsgesetz berücksichtigte erstmals auch die Dorferneuerung als ein Ziel der Vorhaben, und sie wurde im Zukunftsinvestitionsprogramm aus dem Jahre 1977 als integrale Maßnahme der Agrarstrukturverbesserung angesehen. Dorferneuerung dient heute damit ganz allgemein der Steigerung der Lebensbedingungen im ländlichen Raum. Sie umfaßt Landwirtschaft, Gewerbe und private Dienstleistungen, bauliche Gestaltung, Denkmalpflege, Infrastruktur und zielt auf die Kontinuität dörflicher Gemeinschaften. Auch auf dem Gebiet der ehemaligen DDR veränderte

Bild 7: Haufendorf (Sinsheim-Steinfurt in Baden-Württemberg)
Quelle: Landesbildstelle Baden (Luftbild freigegeben durch RP Karlsruhe Nr. 210/3595)

sich in den vergangenen 50 Jahren das Bild der ländlichen Siedlungen. Anders als in den alten Bundesländern hat dieser Wandel politisch bestimmte Ursachen. Bis etwa 1952 entstanden vor allem in Mecklenburg tausende Neubauernstellen im Rahmen der Bodenreform (→IV.6). Einfach (meist sogar aus Stampflehm) gebaute, kleine, genormte Bauernhäuser gaben jeweils einer Familie Unterkunft, boten Stallfläche, Berge- und Wirtschaftsräume für in der Regel 5 ha, maximal

Bild 8: Waldhufendorf (Bad-Liebenzell-Beinberg im Schwarzwald)
Quelle: Landesbildstelle Baden (Luftbild freigegeben durch RP Karlsruhe Nr. 210/4530)

23

10 ha, landwirtschaftlicher Nutzfläche. Angeordnet wurden sie meist am Rande, an den Ausfallstraßen der Siedlungen. Ende der 60er Jahre, als die Kollektivierung (→IV.6) auf dem Lande bereits vollzogen war, entstand durch Zusammenlegung und damit Vergrößerung der Genossenschaften, durch den Ausbau eines landwirtschaftlichen Dienstleistungssektors wiederum in der Regel an den Dorfrändern ein breites Spektrum von neuen Funktionsgebäuden für die Verwaltung der Betriebe (200 bis 300 Mitglieder in einer Genossenschaft waren keine Seltenheit), für die Lagerung und Vermarktung der Erzeugnisse, für Wartung und Pflege des Maschinenparks, für die Lagerung von Düngemitteln, für die Viehzucht. Gerade Stallneubauten erforderten schon aufgrund bautechnischer Parameter (Seuchenhygiene, Güllelagerung, Brandschutz usw.) relativ viel Platz. Die Dörfer dehnten sich dadurch insgesamt mehr und mehr in der Fläche aus, obwohl Gebäude früherer Einzelbauern (vor allem Stallgebäude) mitgenutzt wurden.

Die Wohnbausubstanz dagegen ist heute weitgehend noch in ihrer ursprünglichen Zustand erhalten; Um- und Ausbauten konnten aufgrund mangelnder Finanzmittel, eines völlig unzureichenden qualitativen und quantitativen Baustoffangebotes und eines chronischen Handwerkermangels nicht in der gewünschten

Bild 9: Blockflur mit Aussiedlerhöfen bei Meckesheim/Kraichgau
Quelle: Landesbildstelle Baden

Weise vorgenommen werden. Neue Akzente wird langfristig die jüngst begonnene Privatisierung in der Landwirtschaft setzen (→IV.6). Derzeit kann in diesem Zusammenhang noch nicht von einem Bauboom gesprochen werden, zu groß ist die Schuldenlast der Unternehmen. Zu erkennen ist jedoch bereits schon ein beginnender, punktueller Funktionswandel ehemals landwirtschaftlich genutzter Gebäude, beispielsweise durch das Landhandwerk.

II.2 Von der City zum Stadtrand: ein Profil der deutschen Großstädte

Das gegenwärtige Erscheinungsbild der Großstädte im Osten und Westen Deutschlands weist infolge der verschiedenen gesellschaftlichen Rahmenbedingungen zwar gravierende Unterschiede auf, ihre innere Differenzierung blieb aufgrund der gemeinsamen historisch-genetischen Stadtentwicklung jedoch erhalten. Wesentliche räumliche Elemente der heutigen Großstadtstrukturen bilden die Altstadt mit dem oftmals mittelalterlichen Stadtkern, die gründerzeitlichen Wohngebiete (1870-1914), die von der "Gartenstadtidee" geprägten Siedlungen der Zwischenkriegszeit und seit etwa 1960 die Großwohn- sowie Einfamilienhaussiedlungen an der Peripherie der Großstädte.

Unabhängig von der Ausprägung lokaler und regionaler Besonderheiten der Städte (z. B. fränkischer oder niederrhei-

Bild 10: Der Roland von Bremen
Quelle: Landesbildstelle Bremen

nischer Typ) findet man diese Elemente in der Regel in allen deutschen Großstädten.

Die Altstadt
Die in ihrem Grundriß vom Mittelalter geprägten Altstädte (→Bild 11) werden heute von einer Ringstraße im Bereich der ehemaligen Stadtmauer bzw. Befestigungsanlagen umschlossen, die sie in der Regel von den inneren Vorstädten abgrenzt. Trotz schwerer Zerstörungen im Zweiten Weltkrieg blieb ihre innere Struktur weitgehend erhalten. Städtebauliche Elemente wie Rathaus, Kirchen, Marktplatz und Straßenverlauf behielten ihre beherrschende Stellung im Stadtbild. Häufig sind auch noch Reste der massiv gebauten Stadtmauern mit mehreren Toren zu bewundern. Vielfach weisen heutige Bezeichnungen wie Kaufmanns-

straße, Gerbergasse, Korn- oder Fisch-
markt noch auf die ehemalige soziale wie
funktionale Gliederung des alten Stadt-
kerns hin. Der Marktplatz mit Rathaus
war im allgemeinen der ökonomische,
politische, administrative und soziale
"Mittelpunkt", wovon noch heute die
Häuser mit z. T. reich verzierten Fassa-
den zeugen. In vielen nord- und mittel-
deutschen Städten gibt es auf den Markt-
oder Hauptplätzen eine Besonderheit: den
Roland, eine übermannsgroße Holz- oder
Steinfigur (→Bild 10). Sie stellt meist
einen barhäuptigen Mann in Rüstung oder
Mantel dar, die ein bloßes Schwert hält.
Wahrscheinlich symbolisiert sie die städtischen Freiheiten (Hochgerichtsbarkeit,
Markt- und Handelsrechte).

Im Gegensatz zur Geschlossenheit,
Asymmetrie und Dichte des mittelalterlichen Städtebaus sind für Stadtgründun-
gen aus absolutistischer Zeit symmetri-
sche Bauformen und achsenförmige
Raumelemente charakteristisch. Eines der
schönsten Beispiele in Deutschland ist
die ehemalige Residenzstadt Karlsruhe
mit den vom geometrischen Zentrum,
dem Stadtschloß, fächerförmig auseinan-
derstrebenden Radialstraßen (→Bild 12).

In den Altstädten setzte Ende des 19.
Jh.s die Citybildung ein, ein Prozeß, der
bis zur Gegenwart andauert. Vergleicht
man heute die Innenbereiche der Großstädte in Ost- und Westdeutschland, so
heben sich die kleinräumige Mischung
wie z. B. im Einzelhandel, aber auch die
Viertelbildung wie bei Banken und Versicherungen im Westen deutlich vom Am-
biente der City im Osten ab, wenngleich
diese seit der Währungsumstellung am
1. Juli 1990 einem starken Wandel unter-
worfen ist. Typisch für die Physiognomie
der City ostdeutscher Großstädte sind
derzeit noch eine weitläufige, z. T. ein-
tönige Bebauung, mangelnde Urbanität
sowie ein relativ hoher Anteil von Wohn-
gebäuden, da in der ehemaligen DDR
Bodenpreise kaum eine Bedeutung für
die innere Differenzierung der Städte
hatten. Das Erscheinungsbild der westdeutschen City, die heute über den Alt-
stadtbereich hinausreicht, wird hingegen
von repräsentativen Bank-, Versiche-
rungs- und Bürogebauden sowie von neu-
en Waren- und Kaufhäusern geprägt -
eine Folge der rasanten Bodenpreisent-
wicklung seit den 60er Jahren und des
damit verstärkten Wettbewerbs um die
zentral gelegenen Standorte.

Mit der städtebaulichen Verdichtung
und Umgestaltung der westdeutschen

Bild 11: Die Altstadt von Münster
Quelle: Landesbildstelle Westfalen, Münster

Großstadtkerne, gepaart mit der Anlage
breiter Verkehrsachsen, ging in vielen
Großstädten der Reiz des historischen
Stadtbildes verloren. Erst seit Mitte der
70er Jahre erfolgte eine Neubewertung
traditioneller Stadtstrukturen, welche der
in Jahrhunderten gewachsenen Bausubstanz der Altstädte besser Rechnung trug.
Durch verstärkte Hinwendung zur erhaltenden Stadterneuerung mit der Ausge-
staltung historischer Platzanlagen und
Bauensembles, mit der Einrichtung von
Fußgängerzonen sowie mit Maßnahmen
zur Begrünung haben die Citys wieder an

Bild 12: Die Fürstenstadt Karlsruhe, Blick von Süden über die Stadt auf das Stadtschloß
Quelle: Landesbildstelle Baden (Luftbild freigegeben durch RP Karlsruhe Nr. 210/2048)

25

Bild 13: Gründerzeitliche Mietskasernen in Berlin-Wedding (Maxstraße) 1910
Quelle: Fotoarchiv des Instituts für Länderkunde Leipzig, Nr. 12987

Attraktivität gewonnen. Wesentlich zur Revitalisierung der Altstädte trugen auch der Ausbau des öffentlichen Personennahverkehrs (U- und S-Bahn-Systeme), verbunden mit der Einrichtung neuer Einkaufszentren im unmittelbaren Einzugsbereich der Haltestellen, sowie die Anlage von attraktiven verkehrsfreien, auch unterirdischen Einkaufspassagen bei.

Gründerzeitliche Wohngebiete

Die an die Altstadt angrenzenden gründerzeitlichen Wohngebiete entstanden zwischen 1870 und 1914, als die stark anwachsende Einwohnerzahl der Großstädte im Zusammenhang mit der Industrialisierung des Deutschen Reiches eine intensive Bodenspekulation verursachte. Charakteristisch sind ein schematischer, rasterartiger Grundriß sowie eine monotone, zur Straßenseite hin geschlossene vier- bis fünfstöckige Bebauung. Zur Blockinnenseite schließen sich Seitenflügel und oftmals gewerblich genutzte Hinterhäuser an. Ein extremes Beispiel dieser Bauweise ist die "Berliner Mietskaserne" mit mehr als 20 vorwiegend Klein- und Kleinstwohnungen, beengten und dunklen Hinterhöfen ohne ausreichende Luftzirkulation (→Bild 13). Nach dem Zweiten Weltkrieg konnten diese Wohnungen mit ihren zwei bis drei Zimmern, oftmals ohne Bad und WC, immer weniger die steigenden Wohnansprüche der Familien erfüllen, so daß vor allem im früheren Bundesgebiet viele deutsche Haushalte aus den Großstädten in das eigene Haus am Stadtrand oder in eine Umlandgemeinde wegzogen (→II.1; Bild 17). In der ehemaligen DDR dagegen bekamen die Wohnungssuchenden aufgrund der staatlich gelenkten Neubautätigkeit bestenfalls eine Mietwohnung in einer Großwohnsiedlung zugewiesen. Die Erhaltung und Modernisierung der gründerzeitlichen Wohnviertel unterblieb weitgehend, so daß die Altbausubstanz dem Verfall preisgegeben war.

Selbst in den alten Bundesländern spielten Wohnungsmodernisierungen bis Ende der 60er Jahre nur eine untergeordnete Rolle. Flächensanierungen dominierten, d. h. der Abriß und die Neubebauung unter Verlust der historischen Individualität und Zerstörung des Ensemblecharakters, und hatten eine bauliche wie soziale Abwertung zur Folge. Erst umfassende bestandserhaltende Wohnungsmodernisierungen mit Beginn der 70er Jahre, welche die bauliche Entkernung der Wohnblöcke durch Schaffung von Spiel- und Parkplätzen, verkehrsberuhigter Zonen sowie durch die Verlagerung umweltbelastender Betriebe einschlossen, verbesserten den Wohnwert in den ehemals wohnungswirtschaftlichen Problemgebieten beträchtlich (→Bild 14). Heute ist nach den baulichen und wohnumfeldbezogenen Maßnahmen wieder eine zunehmende sozialräumliche Differenzierung und Aufwertung in den gründerzeitlichen Vierteln zu erkennen, da diese aufgrund ihrer zentralen Lage innerhalb der Großstädte eine gewisse Attraktivität besitzen.

Gartenstadtsiedlungen

Schon vor 1914 entstanden am damaligen Stadtrand als Reaktion auf den gründerzeitlichen Mietwohnungsbau offene, durchgrünte Wohngebiete. Dresden-Hellerau war die erste sogenannte Gartenstadt Deutschlands (erbaut 1907/1908). Schon zwischen den beiden Weltkriegen expandierten die Großstädte in Gestalt von durchgrünten Ein- bzw. Zweifamilien- und Reihenhaussiedlungen. Es waren zumeist öffentlich subventionierte Wohnbauten niederen Standards mit teilweise unzureichender Verkehrsanbindung. Im Gegensatz dazu entstanden in günstiger Lage die Villenkolonien des wohlhabenden Bürgertums sowie Siedlungskomplexe mehrgeschossiger Bauweise. Heute zählen die modernisierten garten-

Bild 14: Entkernung und Modernisierung gründerzeitlicher Wohnbauten in Berlin-Kreuzberg 1978; Quelle: Landesbildstelle Berlin

Bild 15: Gründerzeitliche Mietshäuser im Osten Leipzigs mit Blick auf die Großwohnsiedlung Schönefeld (E. KAISER)

stadtähnlichen Wohngebiete der Zwischenkriegszeit - jetzt im innerstädtischen Randbereich gelegen - aufgrund ihrer Zentrumsnähe zu den attraktiven Wohngebieten der Großstädte.

Großwohn- und Einfamilienhaussiedlungen

An der heutigen Peripherie der deutschen Großstädte dominieren Großwohn- wie auch Einfamilienhaussiedlungen.

Die Großwohnsiedlungen - in der ehemaligen DDR in den 70er und 80er Jahren, in den alten Bundesländern in den 60er, Anfang der 70er Jahre in Geschoß- und Hochhausbauweise errichtet - entstanden aus einer jeweils akuten quantitativen wie qualitativen Wohnungsnotsituation. Hinzu kam in Westdeutschland der Versuch, dem flächenhaften Ausufern der Siedlungsfläche in Gestalt der Einfamilienhäuser entgegenzuwirken.

In der Regel sind die Betonwohnblöcke der ost- wie westdeutschen Großwohnsiedlungen gleichermaßen durch monotone Architektur, starke Verdichtung, unzureichende Infrastruktur und geringe Qualität des Wohnumfeldes sowie mangelhafte Integration in die Gesamtstadt geprägt. Die Dimension dieser "Wohnsilos" ist in den ostdeutschen Großstädten (→Bild 15, 16) jedoch wesentlich größer. Ein extremes Beispiel ist Berlin-Marzahn mit fast 60 000 Wohnungen.

Gravierende Unterschiede bestehen hinsichtlich der Zusammensetzung der Bevölkerung. In den westdeutschen Großwohnsiedlungen verstärkten sich seit Beginn der 80er Jahre soziale Segregationserscheinungen. Einkommensstärkere Familien zogen weg, während einkommensschwache Haushalte, ältere Bürger, Alleinerziehende, Kinderreiche sowie Ausländer zurückblieben. Diese soziale Entmischung verschlechterte das Image der Großwohnsiedlungen im hohen Maße. Im Gegensatz dazu waren diese Wohngebiete in der ehemaligen DDR aufgrund fehlender Alternativen attraktive Zuzugsgebiete. Die gesteuerte Wohnungsvergabe an vorrangig jüngere Familien bewirkte hier eine Bevölkerungssegregation nach Altersgruppen. Nach der Vereinigung Deutschlands ist es aufgrund der oben genannten Mängel wohl nur eine Frage der Zeit, wann diese Großwohnsiedlungen zu ähnlichen Problemgebieten wie in den westdeutschen Großstädten werden.

Typisch für die Peripherie der westdeutschen Großstädte sind die seit den 50er Jahren, in größerem Umfang in den 60er/70er Jahren, gewachsenen Wohngebiete mit vorherrschender Einfamilienhausbebauung im Grünen (→Bild 17). Diese gartenstadtähnlichen Eigenheimsiedlungen, die seit den 60er Jahren im Rahmen des Suburbanisierungsprozesses in Gemeinden mit immer größerer Entfernung zu den Großstädten entstanden, verursachten eine zunehmende Zersiedlung der Landschaft und damit auch eine Zerstörung von zusammenhängenden, gering bebauten Flächen mit Ausgleichsfunktionen für die großstädtische Bevölkerung sowie für das Stadtklima. Heute ist in Westdeutschland die Grenze zwischen Großstädten und Umlandgemeinden physiognomisch kaum noch erkennbar. Das Siedlungsbild der ostdeutschen Großstadt hebt sich dagegen noch deutlich vom angrenzenden Umland ab - eine Folge weitgehend fehlender Suburbanisierungsprozesse, da der private Wohnungsbau in der ehemaligen DDR wegen staatlicher Restriktionen nur eine untergeordnete Rolle spielte (→II.1).

Großstädte in Ost- und Westdeutschland

Die unterschiedliche städtebauliche Entwicklung der Großstädte während der

Bild 16: Grünau – eine Großwohnanlage für 80 000 Menschen am Westrand von Leipzig (L. BECKER)

Teilung Deutschlands hat deren Strukturen wesentlich verändert. Typisch für die ostdeutsche Großstadt war bis zur politischen Wende vor allem der Gegensatz zwischen den relativ gut ausgestatteten randstädtischen Großwohnanlagen und den durch starken Verfall der Bausubstanz als auch der Infrastruktur geprägten Altbaugebieten. Für die Großstadt Westdeutschlands ist vor allem deren starkes flächenhaftes Wachstum einschließlich der Suburbanisierungszone im Umland sowie seit den 70er Jahren der Übergang zur erhaltenden Stadterneuerung – in Verbindung mit der Revitalisierung der Innenstädte – kennzeichnend.

Zunehmende soziale Segregation der Bevölkerung im Stadtgebiet, hohe Ausländeranteile, ein starker Tertiärisierungsgrad der Beschäftigten, ein relativ hoher Wohn- und Freizeitwert - diese Merkmale werden die westdeutsche Großstadt auch in den kommenden Jahren auszeichnen. In den Großstädten Ostdeutschlands werden sich sicherlich einige dieser Eigenschaften schon in relativ kurzer Zeit einstellen, andere werden sich aufgrund des enormen Finanzbedarfs erst nach einem längeren Zeitraum angleichen.

Bild 17: Einfamilienhaussiedlung Karlsruhe-Waldstadt 1988
Quelle: Landesbildstelle Baden

II.3 Berlin – alte und neue Hauptstadt

Berlin wurde durch die Entscheidung des Bundestages vom 20. Juni 1991 wieder zur Hauptstadt Deutschlands mit Regierungs- und Parlamentssitz. Mit der Vereinigung beider Stadthälften im Zuge der deutschen Einheit entstand ein neues Gravitationszentrum, das nach dem Wegfall des "Eisernen Vorhangs" eine bedeutende Mittlerfunktion im zukünftigen Europa haben wird - die Region Berlin ist mit 4,3 Mio. Einwohnern die größte Stadtregion in Mitteleuropa. Berlin wird als politische, wissenschaftliche und kulturelle Metropole sowie als Industriestandort zunehmende Bedeutung im nationalen wie internationalen Rahmen erlangen.

Entwicklung in der geteilten Stadt

Berlin, vor dem Zweiten Weltkrieg noch eine Weltmetropole, durchlief nach 1945 mit der Teilung in zwei Stadthälften eine Sonderentwicklung. West-Berlin wurde zu einem Inselstandort, seit dem 13. August 1961 durch Mauer und Stacheldraht hermetisch von Ost-Berlin und dem

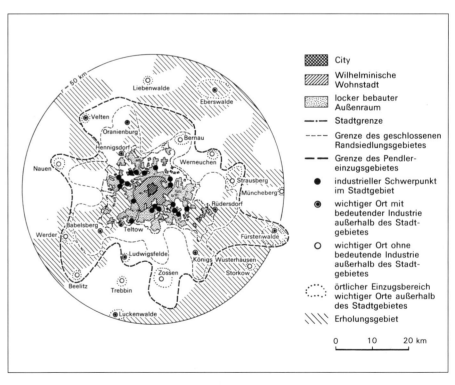

Abb. 15: Groß-Berlin und sein Umland bis 1945
Quelle: ZIMM 1989, S.210

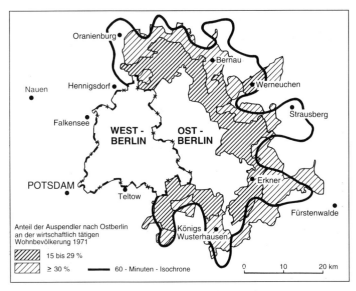

Anteil der Auspendler nach Ostberlin
an der wirtschaftlich tätigen
Wohnbevölkerung 1971

▨ 15 bis 29 %
▨ ≥ 30 %   ━━ 60 - Minuten - Isochrone

0   10   20 km

Abb. 16: Arbeitspendlereinzugsgebiet von Ost-Berlin
Quelle: nach ELKINS & HOFMEISTER 1988, S. 212; ergänzt

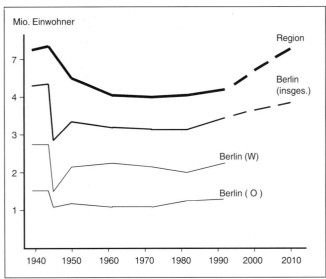

Abb. 17: Bevölkerungsentwicklung der Stadt und der Region Berlin von 1939-2010; Quelle: Senatsverwaltung der Stadt Berlin 1991

brandenburgischen Hinterland abgetrennt (→Abb. 15). Auf dem Potsdamer Platz, dem ehemals verkehrsreichsten Platz Europas im Herzen der Stadt (→Bild 18), erlosch durch den Mauerbau jegliches städtische Leben (→Bild 19).

Berlin und sein Umland wurden in drei Regionen zerschnitten: West-Berlin, das durch die Teilung abgeschirmte westliche Umland und Ost-Berlin mit seinem Einzugsgebiet (→Abb. 16). Die Siedlungsverteilung in der Agglomeration blieb jedoch bis in die Gegenwart weitestgehend erhalten. Neue Strukturen entstanden in den Stadtrandbereichen, wo der Bau von Großwohnanlagen, in West-Berlin ergänzt durch Einfamilienhaussiedlungen, zu Siedlungsverdichtungen führte. Innerstädtisch bildeten sich im Rahmen der getrennten Stadtentwicklung zwei Citybereiche heraus: in West-Berlin die Gegend um den Zoo mit dem Kurfürstendamm, in Ost-Berlin die alte Innenstadt zwischen Brandenburger Tor und Alexanderplatz. Neben der City entwickelte sich im Westteil der Stadt eine polyzentrische Struktur mit guter Stadtteilversorgung, im Ostteil konzentrieren sich hingegen Handel und Dienstleistungen auf das Zentrum in Berlin-Mitte.

Ost-Berlin wurde zur Hauptstadt der ehemaligen DDR ausgebaut und aus Prestigegründen mit allen großstädtischen Funktionen ausgestattet, was aufgrund der allgemeinen Versorgungsprobleme jedoch stark zu Lasten der anderen Landesteile ging. West-Berlin war durch seine Insellage ökonomisch stark benachteiligt. So wanderten fast alle Großunternehmen nach 1945 in das alte Bundesgebiet ab (→II.1, IV.2). Als Ausgleich

erhielt die Stadt ein spezifisches Förderungsprogramm.

Berlin heute und morgen
Nach der Öffnung der Berliner Mauer am 9. November 1989 begann das Zusammenwachsen beider Stadthälften. Darin eingeschlossen sind weitreichende Veränderungen räumlicher Strukturen wie auch gravierende wirtschaftliche und soziale Transformationsprozesse in der gesamten Region. Aufgrund neuer Funktio-

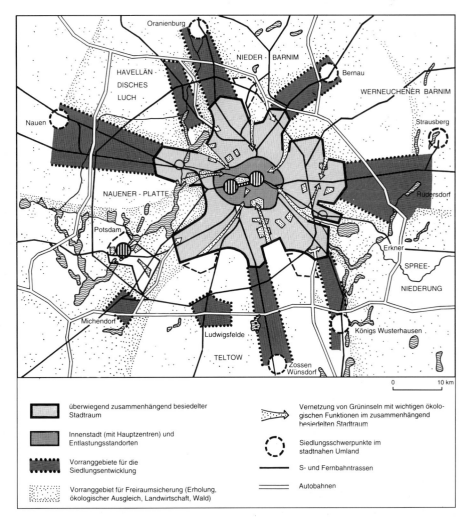

⬜ überwiegend zusammenhängend besiedelter Stadtraum

▨ Innenstadt (mit Hauptzentren) und Entlastungsstandorten

▨ Vorranggebiete für die Siedlungsentwicklung

⬚ Vorranggebiet für Freiraumsicherung (Erholung, ökologischer Ausgleich, Landwirtschaft, Wald)

⮞ Vernetzung von Grüninseln mit wichtigen ökologischen Funktionen im zusammenhängend besiedelten Stadtraum

⬭ Siedlungsschwerpunkte im stadtnahen Umland

━━ S- und Fernbahntrassen

═══ Autobahnen

0   10 km

Abb. 18: Der Siedlungsstern – Schema einer möglichen räumlichen Gliederung der Region Berlin; Quelle: "Der Morgen" vom 8.08.1990; Senatsverwaltung der Stadt Berlin 1991; geändert und ergänzt

nen und der geänderten politischen wie ökonomischen Lage in Europa wird der Dienstleistungsbereich Motor der wirtschaftlichen Entwicklung sein. Infolge des Wachstumsschubes erwartet man einen Bevölkerungszuwachs (→Abb. 17) von 300 000 Einwohnern bis zum Jahre 2010. Damit wird Berlin im Vergleich zu den anderen deutschen Großstädten eine Ausnahmestellung einnehmen.

Für die Innenstadt, dem Gebiet innerhalb des S-Bahn-Ringes, bedeutet diese Entwicklung eine weitere bauliche und funktionale Verdichtung. Eine herausragende Rolle kommt dabei dem Kerngebiet zwischen dem Kurfürstendamm und dem Alexanderplatz mit hochrangigen Einrichtungen von Politik, Wissenschaft, Kultur, Wirtschaft, Dienstleistungen und Einzelhandel zu. Im neuen Glanz entsteht hier u. a. die Friedrichstraße, die mit dem Kurfürstendamm ein hochwertiges Einkaufsgebiet von Berlin bilden wird. Neu gebaut werden im Spreebogen sowie um den Reichstag das Regierungsviertel und um den Potsdamer Platz ein Zentrum großstädtischer Dienstleistungen. Das geplante Bauensemble am Potsdamer Platz, dessen Gestaltung in starkem Maße an die historischen Strukturen der Berliner Innenstadt angepaßt ist (→Bild 20), soll die bisher noch getrennten Citybereiche miteinander verbinden.

In starkem Maße behindernd wirken derzeit noch die Verkehrsprobleme, die vor allem auf das radial geformte Verkehrsnetz zurückzuführen sind. Generell räumt die Stadtplanung deshalb dem öffentlichen Verkehr in der Innenstadt Priorität ein. Vorgesehen sind neben der Inbetriebnahme stillgelegter S-Bahn-Strecken (S-Bahn-Ring im Westteil der Stadt) die Erweiterung des U- und S-Bahn-Netzes sowie der Bau eines die Innenstadt vom Durchgangsverkehr abschirmenden Ringes. Sicherlich wird sich durch die Verknüpfung der S-Bahn mit dem geplanten ICE-Bahnhof im Zentrumsbereich die Attraktivität der Innenstadt weiter erhöhen.

Für die Berliner Region birgt der zu erwartende Boom die Gefahr, daß sich strukturelle Fehlentwicklungen wie in anderen Großstadtregionen wiederholen. Um eine sozial und ökologisch verträgliche Expansion zu erreichen, soll die weitere Entwicklung der Region auf den bestehenden, sternförmig ins Umland reichenden Siedlungsbändern aufbauen (→Abb. 18). Sie erstrecken sich entlang der Achsen des S-Bahn-Netzes, an deren

Bild 18: Potsdamer Platz und Leipziger Platz (Oktogon) um 1920
Quelle: Landesbildstelle Berlin

Bild 19: Der Potsdamer Platz mit der Berliner Mauer 1963
Quelle: Landesbildstelle Berlin

Bild 20: Das Modell zur Neugestaltung des Potsdamer Platzes (P. Scharf)

Endpunkten gut ausgebaute städtische Zentren entstehen sollen. Zwischen diesen Achsen liegen weniger dicht besiedelte Räume mit Ausgleichsfunktionen wie z. B. zur Naherholung für die Bevölkerung. Sie reichen bis an das dicht bebaute Stadtgebiet heran, teilweise auch bis zum Tiergarten, der "Grünen Mitte" Berlins. Damit könnten auch die das Großstadtklima verbessernden Grünflächen zwischen den Siedlungsbändern beibehalten werden und Berlin seinen Charakter als grüne Stadt mit attraktiven Erholungsflächen bewahren. Inwieweit es in Anbetracht des bestehenden Flächendrucks allerdings gelingen wird, eine abgestimmte Siedlungs- und Freiflächenentwicklung in der Region Berlin tatsächlich zu erreichen, wird in starkem Maße vom Zusammenwirken der Länder Berlin und Brandenburg abhängen.

II.4 Sterben die Deutschen aus?

Ein Blick auf die Bevölkerungsentwicklung im Deutschen Reich sowie im vereinten Deutschland zeigt (→Tab. 3), daß sich die Zahl der Einwohner von 1910 bis 1970 im Abstand von rund 30 Jahren etwa um jeweils 10 Mio. erhöhte - und dies obwohl sich der Gebietsstand verringert hatte (→I.2). Nach 1970 trat eine Stagnation mit Schwankungen zwischen 78 und 80 Mio. Personen ein. Ein erstes Maximum der Bevölkerungsentwicklung wurde 1974 mit knapp 79 Mio. erreicht, danach war die Tendenz rückläufig. Nur um 1980 verzeichneten die Einwohnerzahlen aufgrund von Zuwanderungen in das frühere Bundesgebiet eine leichte Zunahme. Infolge der Zuströme von Aussiedlern und Ausländern stieg dann gegen Ende der 80er Jahre die Bevölkerung auf einen erneuten Höchststand von 79,1 Mio. Anfang 1990 (→Tab. 3).

Welche Erklärungen gibt es für diese Veränderungen? Die Bevölkerungszahl in einem Raum ergibt sich stets aus der Differenz der Geburten zu den Sterbefällen einerseits sowie aus den Zu- und Abwanderungen (→II.5) andererseits.

Natürliche Bevölkerungsentwicklung und Altersstruktur

Für hochindustrialisierte Länder sind sehr niedrige Geburtenraten (Zahl der Lebendgeborenen je 1 000 Ew.) und relativ gleichbleibende Sterbeziffern (Zahl der Sterbefälle je 1 000 Ew.) bei sehr hoher Lebenserwartung charakteristisch. Deutschland ist dabei keine Ausnahme. Seit der Jahrhundertwende verringerte sich unter Schwankungen die Geburtenrate in Deutschland (→Abb. 19). Erreichte sie um die Jahrhundertwende noch ein Niveau von knapp 40‰, fiel sie innerhalb von 20 Jahren um die Hälfte auf unter 20‰. Nach 1945 erhöhte sie sich bis Mitte der 60er Jahre auf einen Wert von 18‰, sank jedoch dann innerhalb weniger Jahre ein zweites Mal auf ein merklich niedrigeres Niveau zwischen 10 und 11‰. Gleichzeitig stieg die Sterbeziffer

Jahr	Einwohnerzahl (in Mio.)
1910 (01.12.)	58,5
1937 (37.12.)	68,1
1950[1]	68,4
1960	72,7
1970	77,7
1975	78,7
1980	78,3
1985	77,6
1990	79,1

[1] 1970 im Mai, 1990 Anfang des Jahres, sonst bezieht sich ab 1950 die Angabe auf die Jahresmitte.

Tab. 3: Bevölkerungsentwicklung im Deutschen Reich und im vereinten Deutschland (1910-1990)
Quelle: Statistisches Bundesamt 1991, S. 52; HÖHN et al. 1990, S. 171

leicht an, so daß seit 1972 ein Geburtendefizit besteht. Berücksichtigt man daher nur die Komponente der Geburtenzahlen und der Todesfälle für die Bevölkerungsentwicklung, so hätten die Einwohnerzahlen in Deutschland seit 1972 einen jährlichen Rückgang von 200 000 (1975) bis 8 000 Personen (1988) verzeichnet. Dieser Verlust wäre noch markanter, wenn die Situation bei der ausländischen Bevölkerung hinsichtlich deren Altersstruktur und höheren Geburtenhäufigkeit nicht etwas günstiger als bei den Deutschen gewesen wäre.

Mit dem Ende des 19. Jh.s einsetzenden Geburtenrückgang begann auch eine demographische Alterung (→Abb. 20). Die Gegenüberstellung der Alterspyramiden für 1910, 1937 und 1990 verdeutlicht den kontinuierlichen Bedeutungszuwachs älterer Menschen. So betrug der Anteil der mindestens 65jährigen an der Wohnbevölkerung im Jahre 1910 knapp 5 %, derjenige der unter 20jährigen lag bei 43,6 %. Dies sind Werte, wie man sie gegenwärtig nur in den stark wachsenden Bevölkerungen der Entwicklungsländer vorfindet. Doch bereits 1937 war der Anteil der mindestens 65jährigen auf 7,8 % angestiegen und 1990 sogar auf 15,3 %. Entsprechend hoch war der Bedeutungsverlust jüngerer Gruppen, der unter 20jährigen, von 31,1 % (1937) auf 21,8 % (1990). Der merkliche Rückgang der Geburtenrate ist jedoch nur in geringem Umfange auf die zunehmende Überalterung der Bevölkerung zurückzuführen. Denn als Ende der 70er Jahre die Zahl der Frauen im gebärfähigen Alter

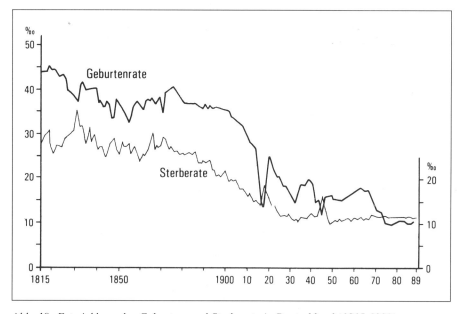

Abb. 19: Entwicklung der Geburten- und Sterberate in Deutschland (1815-1989)
Quelle: BÄHR 1992, S. 231

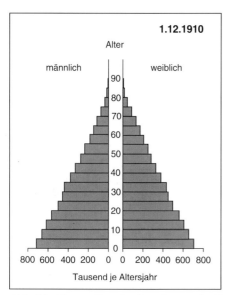 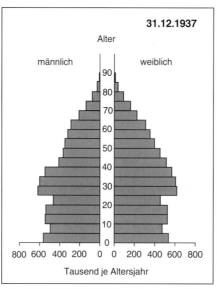 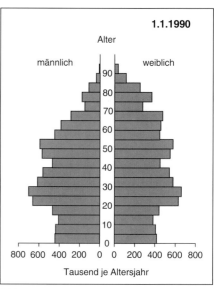

Abb. 20: Altersaufbau der Bevölkerung im Deutschen Reich (1910, 1937) und in Deutschland (1990)
Quelle: Statistisches Reichsamt 1938, S. 21; Statistisches Bundesamt 1991, S. 66; eigene Auswertungen

anstieg, erhöhte sich nämlich nicht die Geburtenrate. Damit müssen andere Faktoren, die eine Veränderung des generativen Verhaltens hervorriefen, ein deutlich größeres Gewicht haben. Dies ist nur mit Ziffern nachzuweisen, welche von der Altersstruktur unabhängig sind. Eine solche Ziffer ist die "zusammengefaßte Geburtenziffer" oder "totale Fruchtbarkeitsrate". Sie gibt an, wieviele Kinder jeweils 1 000 Frauen im Alter von 15-45 Jahren durchschnittlich zur Welt bringen unter den gegenwärtigen Fertilitätsbedingungen. Der folgende Abschnitt beschreibt dazu Einzelheiten.

Ursachen der rückläufigen Geburtenentwicklung

Bis 1973 verlief die Geburtenhäufigkeit in den alten und neuen Bundesländern

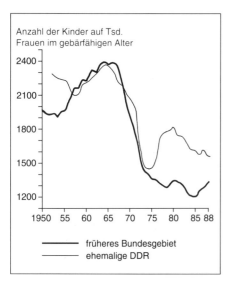

Abb. 21: Zusammengefaßte Geburtenziffer im früheren Bundesgebiet und in der ehemaligen DDR
Quelle: Höhn et al. 1990,S. 145

sehr ähnlich (→Abb. 21). Lag für das frühere Bundesgebiet das "Bestanderhaltungsniveau" zuletzt 1969 mit einer Ziffer von 2 214 Kinder pro 1 000 Frauen vor, so war dies für die ehemalige DDR 1971 mit 2 131 der Fall. Dann ging die totale Fruchtbarkeits- oder Fertilitätsrate in beiden Landesteilen deutlich zurück. Doch während sich die Ziffer in den alten Ländern auf einem Niveau von 1,4 Kinder je Frau stabilisierte, stieg sie in den neuen Ländern bis 1980 auf 1,8 an, um dann wieder abzufallen. Es ist zu erwarten, daß sich das generative Verhalten der Bevölkerung in beiden Teilen Deutschlands auf einem niedrigen Niveau angleichen wird. Dies hätte eine Reduzierung der Einwohnerzahl auf etwa 65 % des jetzigen Standes bis zum Jahre 2010 zur Folge (→Abb. 23). Die Ursachen für diesen Geburtrückgang sind sehr verschieden und beeinflussen sich wechselseitig. Zu erwähnen sind wirtschaftliche Motive, die zunehmende Frauenerwerbstätigkeit, das Fehlen einer kindgemäßen Umwelt, der sich mindernde Einfluß der Kirche auf die Lebensgestaltung des einzelnen, verbesserte Möglichkeiten der Empfängnisverhütung und der bestehende Trend zu nicht-ehelichen, meist kinderlosen Lebensgemeinschaften.

Trotz des sehr niedrigen Fertilitätsniveaus in Deutschland sind regionale Unterschiede im generativen Verhalten zu beobachten. In ländlichen Gebieten trifft man sowohl überdurchschnittliche Geburtenhäufigkeiten an wie in Niedersachsen, Mecklenburg-Vorpommern, Sachsen, Thüringen, Baden-Württemberg und Bayern als auch niedrigere Raten wie in Hessen, Rheinland-Pfalz oder Schleswig-

Holstein. In den Städten erreicht die Ziffer durchweg minimale Werte. Eine umfassende Erklärung dieser räumlichen Gegensätze ist nicht möglich, da viele sich überlagernde Einflüsse eine Rolle spielen: soziale und ökonomische Bedingungen, neue Formen des Zusammenlebens, Religionszugehörigkeit, Siedlungsweise, selektive Wanderungsprozesse.

Anstieg der Lebenserwartung

Zur langfristig angelegten Alterung durch den Geburtrückgang zu Beginn des Jahrhunderts und um 1970 (→Abb. 19, 20) kommt eine Alterung quasi von der Spitze der Bevölkerungspyramide her, da insbesondere die Lebenserwartung seit 1945 stetig zunahm. Sowohl in Ost- als auch in Westdeutschland ist dies der Fall - allerdings bei verschieden starkem An-

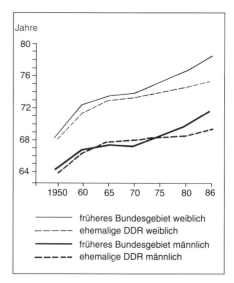

Abb. 22: Lebenserwartung der Neugeborenen im früheren Bundesgebiet und in der ehemaligen DDR
Quelle: Höhn et al. 1990, S. 155

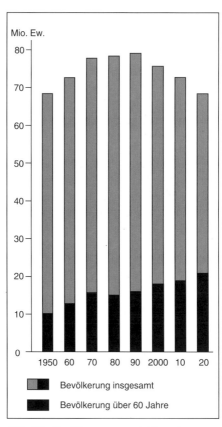

Mio. Ew.

Bevölkerung insgesamt
Bevölkerung über 60 Jahre

Abb. 23: Bevölkerungsentwicklung im vereinten Deutschland (1950-2025)
Quelle: Höhn et al. 1990, S. 171; geändert

stieg (→Abb. 22). So erhöhte sich die Lebenserwartung bei den neugeborenen Mädchen in den alten Bundesländern von 68,5 auf 78,8 Jahre, in den neuen von 68 auf 75,5 Jahre. Eine ähnliche Entwicklung auf niedrigerem Niveau ergibt sich für die neugeborenen Knaben - nur vergrößerte sich die Differenz zwischen beiden Gruppen seit 1950.

Trotz der insgesamt geringen Sterblichkeit in Deutschland gibt es weiterhin eine beträchtliche regionale Differenzierung in der Lebenserwartung. Auffallend sind die bereits genannten Gegensätze zwischen dem früheren Bundesgebiet und der ehemaligen DDR (→Abb. 22). Doch auch innerhalb von Ost- und Westdeutschland sind die Unterschiede erheblich. So schwankte die Lebenserwartung in den alten Ländern bez. der Raumordnungsregionen zwischen 68,8 und 74,6 Jahren, in den neuen Ländern (Bezirke) zwischen 67,9 und 70,9 Jahren. Hohe und niedrige Werte fallen sowohl in ländlichen als auch in verdichteten Regionen auf. Als wesentliche Faktoren zur Erklärung der regionalen Differenzierung werden Gesundheitszustand, Eß- und Trinkgewohnheiten, Gesundheitsfürsorge und Belastungen durch Umwelteinflüsse angesehen, aber auch soziale und ökonomische Bedingungen, die auf physische sowie psychische Streßsituationen mit erhöhtem Sterberisiko hinweisen wie z. B. Arbeitslosigkeit in strukturschwachen Räumen (Ruhrgebiet), niedrige Löhne oder Monotonie am Arbeitsplatz aufgrund einer geringen beruflichen Qualifikation. Nicht zuletzt sollte auch die positive Selektion von Migrationsprozessen erwähnt werden; denn es fällt auf, daß gerade in Regionen mit Wanderungsgewinnen wie in Bayern und Baden-Württemberg eine überdurchschnittliche Lebenserwartung vorliegt.

Konsequenzen aus der natürlichen Bevölkerungsentwicklung

Fragen der Auswirkungen des Bevölkerungsrückganges aufgrund der Größenverhältnisse von Geburten- zu Sterberate stehen im Mittelpunkt der Bevölkerungsberichte der Bundesregierung. Die dort veröffentlichten Prognosen gehen von der Annahme aus, daß sich in den nächsten Jahren keine grundlegenden Änderungen im generativen Verhalten einstellen. Dies trifft auch für die Schätzungen der UN für das vereinte Deutschland zu (→Abb. 23), die auf den Einwohnerzahlen von 1985 basieren. Die Prognosen gehen weiterhin von einem Rückgang der totalen Fertilitätsrate in der ehemaligen DDR auf 1,4 Geburten je Frau im gebärfähigen Alter aus und beziehen keine internationalen Wanderungsbewegungen ein. Bis in das Jahr 2000 wird der Bevölkerungsverlust nur schwach ausgeprägt sein. Nach der Jahrhundertwende würden sich jedoch gravierende Veränderungen sowohl in quantitativer als auch in struktureller Hinsicht ergeben. Der Rückgang erhöht sich auf etwa 300 000 Einwohner im Jahr, so daß die Bevölkerungszahl für das vereinte Deutschland auf knapp über 50 Mio. zurückginge. Gravierender in den Auswirkungen wären allerdings die altersstrukturellen Verschiebungen. So wäre jeder dritte Einwohner in Deutschland im Jahre 2025 über 60 Jahre alt, für die deutsche Bevölkerung wäre dieser Anteil noch höher. Die schwerwiegenden Probleme für das Bildungswesen, für das Arbeitskräfteangebot sowie für die Renten- und Krankenkassenbelastung sind unmittelbar abzuleiten, denn jedem Erwerbstätigen würde ein Nicht-Erwerbstätiger gegenüberstehen. Nur eine weiterhin intensive Produktivitätssteigerung in der Industrie oder ein erneutes starkes Bevölkerungswachstum, entweder auf der Basis einer Steigerung der Geburtenhäufigkeit über das Bestanderhaltungsniveau oder eine gezielte und erhebliche Zuwanderung von Ausländern zur Auffüllung der geburtenschwachen Jahrgänge, können die Auswirkungen des demographischen Alterungsprozesses noch abschwächen. Eine fortschreitende Produktivitätssteigerung erscheint momentan wahrscheinlich, so daß langfristig die mit der Alterung der deutschen Bevölkerung verbundenen Probleme auf die zukünftigen Bundesregierungen unausweichlich zukommen werden. Diese These schließt jedoch einen anhaltenden Zuzug ausländischer Bewohner – insbesondere in einem politisch und wirtschaftlich geeinten Europa – nicht aus.

II.5 Zuwanderung nach Deutschland: Ursachen und Konsequenzen

Am Jahresende 1989 lebten 5 Mio. ausländische Einwohner in Deutschland. Ihr Anteil an der Gesamtbevölkerung betrug in den alten Bundesländern 7,7 % und in den neuen 1,2 %. Trotz dieser verhältnismäßig geringen Anteile erfahren die Ausländer gegenwärtig eine große Aufmerksamkeit in öffentlichen Diskussionen. Als im Jahre 1964 der einmillionste ausländische Arbeitnehmer in der früheren Bundesrepublik ankam, wurde er mit Musik und Gastgeschenken begrüßt. Mitte der 60er Jahre war man in Westdeutschland davon überzeugt, daß die Zuwanderung ausländischer Arbeitskräfte ein vorübergehendes Phänomen und eine wichtige Voraussetzung für ein stetiges wirtschaftliches Wachstum sei. Zu
Beginn der 80er Jahre kehrte sich diese positive Einstellung gegenüber Ausländern in eine eher ablehnende Haltung um. Mit entscheidend für diese Meinungsänderung war sicherlich der Anstieg der Arbeitslosenzahlen auf über eine Million im Jahre 1981, obwohl die ausländische Wohnbevölkerung vor allem in Gebieten mit niedriger Arbeitslosigkeit hohe An-

Wanderungsbewegungen		Migranten (in 1 000 Personen pro Jahr)			
		60er Jahre	70er Jahre	80er Jahre	1960-1989
Zuzüge	Ausländer	551,7	621,9	482,8	552,1
	Deutsche	71,6	78,3	177,2	109,0
Fortzüge	Ausländer	344,1	489,6	405,1	412,9
	Deutsche	77,6	54,4	64,5	65,5
Bilanz	Ausländer	207,6	132,3	77,7	139,2
	Deutsche	6,0	23,9	112,7	43,5

Tab. 4: Zu- und Fortzüge von Ausländern und Deutschen über die Außengrenzen der früheren Bundesrepublik (1960-1989)
Quelle: Statistisches Bundesamt, verschiedene Jahrgänge

teile erreicht. Daß die immer wieder vorgebrachte Behauptung, "Ausländer nehmen uns Deutschen die Arbeitsplätze weg", nicht aufrechtzuerhalten ist, belegt auch eine jüngst vom Bundestag vorgelegte Studie. Sie erachtet eine jährliche Zuwanderung von etwa 300 000 Ausländern weiterhin als notwendig, um das derzeitige Arbeitskräfteangebot und den Wirtschaftsstandort "Deutschland" zu sichern (→II.4).

Knapp 200 000 ausländische Einwohner in den neuen stehen heute gut 4,8 Mio. in den alten Bundesländern gegenüber. Aufgrund dieser Größenverhältnisse werden im folgenden lediglich die Entwicklung der ausländischen Einwohnerzahlen und ihre Ursachen für das frühere Bundesgebiet aufgezeigt. Ein weiterer Grund für diese Einengung auf die alten Länder ist darin zu sehen, daß die Grenzen der früheren Bundesrepublik gegenüber EG-Mitgliedsländern offen waren und dies auch gegenüber anderen europäischen Staaten zumindest teilweise zutraf. Demgegenüber holte sich die ehemalige DDR erst seit Anfang der 80er Jahre auf der Basis staatlicher Abkommen Arbeitnehmer aus anderen sozialistischen Staaten für jeweils fünf Jahre ins Land.

Entwicklung und Ursachen der Zuwanderungen

Betrachtet man die Wanderungsbewegungen über die Außengrenzen der Bundesrepublik, so fallen zuerst die z. T. erheblichen jährlichen Überschüsse auf. Das frühere Bundesgebiet ist im Gegensatz zur ehemaligen DDR, die Jahr für Jahr negative Bilanzen verzeichnete, trotz aller Schwankungen bis heute ein Land mit positiven Salden (→Abb. 24, Tab. 4). Einen besonders hohen Stellenwert besitzen dabei die Ausländer. Zwischen 1960 und 1989 sind im Mittel knapp 140 000 Personen pro Jahr mehr zu- als fortgezogen. Die Zahlen für die deutsche Bevölkerung liegen deutlich darunter. Erst seit 1987 (→Abb. 24) gehen die Zuwanderungen sprunghaft in die Höhe. Aussiedler und Deutschstämmige, vor allem aus Polen und aus dem Gebiet der früheren Sowjetunion, tragen nach den politischen Umwälzungen in Osteuropa den Zustrom. Zuvor schwankten sowohl die Zu- als auch die Fortzüge von Deutschen zwischen 50 000 und 90 000 Personen und erreichten in manchen Jahren weniger als 10 % des jeweiligen gesamten Wanderungsumfangs. Ausländer bestimmen zumeist die Migrationen von und nach der Bundesrepublik.

Fragt man nach den Ursachen, so gibt der zeitliche Verlauf der relativ stark schwankenden Zu- und den vergleichsweise stabilen Fortzügen erste Hinweise (→Abb. 24). Der Zuwanderungsrückgang in den Jahren 1967, 1974/75 sowie 1982 und 1983 fällt mit konjunkturellen Problemen zusammen. Demgegenüber signalisiert ein Anstieg eine positive wirtschaftliche Entwicklung, verbunden mit einem entsprechenden Nachfragezuwachs an Arbeitskräften. Wirtschaftliche, genauer arbeitsplatzorientierte Motive determinierten schon immer den Zuzug der Ausländer nach Deutschland.

Bis 1955 dachte jedoch kein Unternehmen daran, ausländische Arbeitskräfte einzustellen, da Flüchtlinge und Vertriebene das Angebot ständig auffüllten. Das Jahr 1955 markierte einen gewissen Ein-

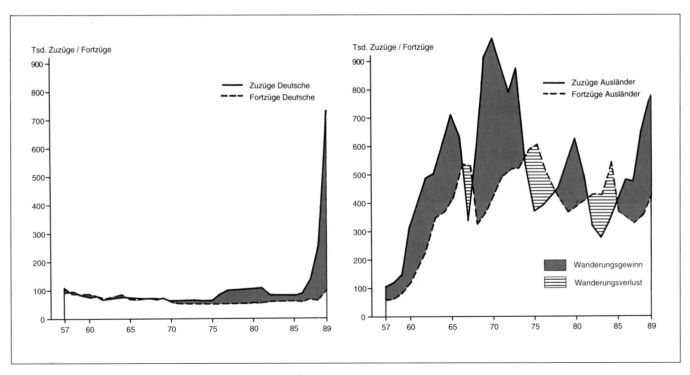

Abb. 24: Wanderungen von Deutschen und Ausländern über die Außengrenzen der früheren Bundesrepublik (1957-1989)
Quelle: Statistisches Bundesamt, versch. Jahrgänge

Kleine Geographie von Deutschland

schnitt, da sich seit diesem Zeitpunkt erste Anzeichen einer Arbeitskräfteknappheit in einzelnen Bereichen häuften. 1955 wurde mit Italien das erste Anwerbeabkommen geschlossen. Die Phase von 1955 bis 1961 war gekennzeichnet durch Vollbeschäftigung im Verlaufe des sog. Wirtschaftswunders und durch erste nennenswerte Engpässe auf dem Arbeitsmarkt. Zunächst wurden diese durch den weiter anhaltenden Zustrom von Flüchtlingen aus der ehemaligen DDR noch nicht offenkundig (→Abb. 25) .

Mit der Grenzsperrung durch die ehemalige DDR am 13. August 1961 (→I.4) versiegte der Zustrom der Flüchtlinge aus der ehemaligen DDR. Danach expandierte die Ausländerbeschäftigung bis zum Anwerbestop vom 22. November 1973. Zwar befanden sich 1961 erst 549 000 ausländische Arbeitnehmer in der Bundesrepublik, doch schlossen die jeweiligen Bundesregierungen mit Spanien (1960), Griechenland (1960), der Türkei (1961), Portugal (1964), Tunesien (1965) und Marokko (1966) Verträge ab, welche der Bundesanstalt für Arbeit mit Sitz in Nürnberg erlaubten, in den jeweiligen Ländern Vermittlungsstellen zur Anwerbung von Arbeitskräften einzurichten. Bis 1973 stieg die Zahl der ausländischen Arbeitnehmer kontinuierlich auf ca. 2,6 Mio., die Gesamtzahl der Ausländer auf etwa 4 Mio. In dieser Expansionsphase gingen Regie-

rung, Unternehmen und auch die Bevölkerung davon aus, daß die Arbeitsmigration ein vorübergehendes Phänomen sei. Diese Einstellung bestätigte sich während der Rezession von 1966/1967. Innerhalb eines Jahres nahm die Anzahl der ausländischen Arbeitnehmer in der Bundesrepublik um rd. 400 000 ab. Die Funktion der Ausländer als "Konjunkturpuffer" hatte sich voll bewährt. Mit der Überwindung der Krise im Jahre 1967 erhöhte sich die Zahl der ausländischen Arbeitnehmer wieder. Die Regierung erwartete vom Anwerbestop - ähnlich wie bei der Rezession 1966/67 - eine Verringerung der Anzahl der ausländischen Arbeitnehmer. In der Tat sank die Ausländerbeschäftigung bis 1977 auf knapp 1,9 Mio. Erwerbstätige. Danach läßt sich eine gewisse Konstanz, zeitweise sogar ein leichter Zuwachs auf 2,1 Mio. (April 1989) erkennen.

Allerdings wird man der stattgefundenen Entwicklung nicht gerecht, wenn man nur die Erwerbstätigenzahlen betrachtet. Nach 1973 nahm die ausländische Einwohnerzahl von 4,1 Mio. nur unwesentlich ab und stieg dann unter Schwankungen auf 4,8 Mio. an.

Hinter diesen nüchternen Ziffern verbirgt sich ein dramatischer Umstrukturierungsprozeß in der demographischen und auch in der nationalen Zusammensetzung der ausländischen Bevölkerung.

Bevölkerungsstrukturelle Konsequenzen der Zuwanderungen

Nach 1973 ging der Anteil der Erwerbstätigen an den Ausländern innerhalb eines Jahres von 65,4 % auf 55,4 % zurück, sank bis auf 38,7 % im Jahre 1982, um heute wieder 43,3 % zu erreichen. Diese Entwicklung ist insofern bemerkenswert, weil vor 1973 der Erwerbstätigenanteil nahezu konstant geblieben war. Die Ursachen für diese Entwicklung liegen vor allem in drei Faktoren begründet:

• Die ausländischen Arbeitnehmer konnten - anders als nach der Rezession 1966/67 - nach dem Anwerbestop von 1973 nicht mehr von einer erneuten Einwanderung in die Bundesrepublik ausgehen. Sie blieben daher in Westdeutschland und versuchten, ihre Familien nachzuholen. Ein wichtiger Indikator für diese Änderung der Einstellung ist die Aufenthaltsdauer. War man ursprünglich beim Rotationsprinzip davon ausgegangen, daß die ausländischen Arbeitnehmer nach einer gewissen Zeit freiwillig wieder in ihre Heimat zurückkehren, stieg seit 1973 die durchschnittliche Aufenthaltsdauer der Ausländer beträchtlich an. Der Anteil derjenigen, die sich bereits 10 und mehr Jahre im früheren Bundesgebiet aufhielten, betrug 16,2 % im Jahre 1973, lag 1983 bei 54,1 % und erreicht gegenwärtig Werte von etwa 60 %.

• Gesetzliche Regelungen begünstigten

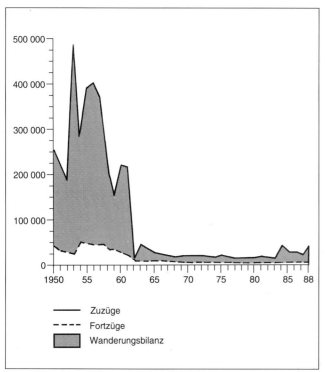

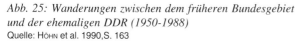

Abb. 25: Wanderungen zwischen dem früheren Bundesgebiet und der ehemaligen DDR (1950-1988)
Quelle: Höhn et al. 1990, S. 163

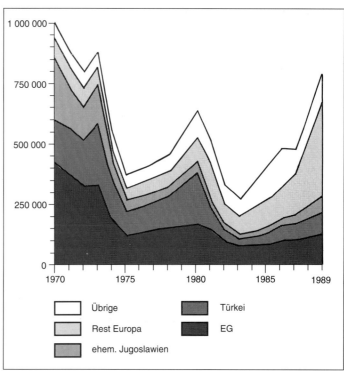

Abb. 26: Zuzüge in die frühere Bundesrepublik von Ausländern nach Herkunftsgebieten (1970-1989)
Quelle: Höhn et al. 1990; ergänzt

35

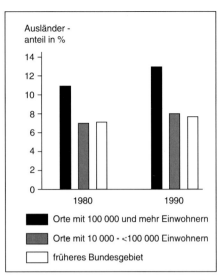

Abb. 27: Ausländeranteil der Wohnbevölkerung nach Gemeindegrössenklassen in der früheren Bundesrepublik (1980-1990)
Quelle: Deutscher Städtetag, versch. Jahrgänge

die Familienzusammenführung nach 1973 im Sinne eines Integrationsprinzips. So wurden seit Januar 1975 die höheren Kindergeldbeträge nur für hier lebende Kinder ausländischer Arbeitnehmer gezahlt. Ab 1979 erhielten erwachsene Mitglieder von ausländischen Familien leichter eine Arbeitserlaubnis als zuvor.

• Im Gegensatz zur deutschen Bevölkerung hatten die Ausländer nach 1972 weiterhin einen Geburtenüberschuß. Dies ergibt sich zum einen aus der höheren Fertilität insbesondere der türkischen Frauen gegenüber deutschen, italienischen oder spanischen und zum anderen aus der starken Repräsentanz jüngerer Altersgruppen, was eine hohe Geburtenzahl und wenige Sterbefälle bewirkt.

Nach 1973 muß man davon ausgehen, daß - anders als es die politischen Ziele des Anwerbestops beabsichtigt hatten - eine Verlängerung des Aufenthaltes vieler Ausländer eingetreten ist. Gleichzeitig hat sich eine innere Umstrukturierung ergeben, bei der eine "Normalisierung" in dem Sinne stattfand, daß nicht nur Arbeitskräfte, sondern komplette Familien mit allen ihren Ansprüchen an die Infrastruktur anwesend sind. Von großer Bedeutung dabei ist der Verjüngungseffekt für die Wohnbevölkerung in der Bundesrepublik (→II.4). Gegenwärtig ist in Deutschland jeder zweite Ausländer jünger als 30 Jahre, bei den Deutschen liegt der Wert bei knapp 38 %.

Seit den 70er Jahren änderte sich die nationale Zusammensetzung der in die Bundesrepublik zugezogenen Ausländer (→Abb. 26). Vor dem Anwerbestop kamen drei Viertel der Zuwanderer aus EG-Staaten, der Türkei oder Jugoslawien. Bis Ende der 80er Jahre ging dieser Anteil auf unter 40 % zurück. Gleichzeitig erhöhte sich der Zustrom aus Ost- und Südosteuropa in den 80er Jahren explosionsartig auf 40 %. Die Ursachen für diesen Anstieg aus den ehemaligen RGW-Staaten sind vor allem in den dortigen politisch-ökonomischen Veränderungen (rapide Zunahme der Arbeitslosigkeit, aufbrechende Minoritätsprobleme) und im enormen Wohlstandsgefälle zum übrigen Europa zu sehen. Auf die wichtigsten im Ausländerrecht festgelegten Gruppen (Familienangehörige von hier lebenden Arbeitnehmern, Flüchtlinge und Asylbewerber sowie Staatsangehörige aus EG-Ländern) entfallen gut 50 % der Zuzüge.

Räumliche Konsequenzen der Zuwanderung

Die beschriebenen bevölkerungsstrukturellen Veränderungen der ausländischen Einwohner haben dazu geführt, daß nach 1973 die "Sichtbarkeit" der Ausländer in der Bundesrepublik deutlich zunahm, obgleich sich ihre absolute Anzahl nur unwesentlich erhöht hatte. Insbesondere traten nach 1973 ausländische Familien als Konkurrenten deutscher Bevölkerungsgruppen mit niedrigem Einkommen auf dem städtischen Wohnungsmarkt auf und nicht zuletzt auch deshalb, weil gemäß den ausländerrechtlichen Bestimmungen jeder Familiennachzug mit dem Nachweis einer "angemessenen" Wohnung verbunden war.

Aus *Abbildung 27* ist zu erkennen, daß in den Großstädten überproportional viele Ausländer leben und daß ihre Bedeutung in den großen Zentren in den 80er Jahren gegenüber dem allgemeinen Trend sogar noch auf einen Wert von über 12 % anstieg. Dieses Verteilungsmuster wird zum einen dadurch verursacht, daß die ausländischen Arbeitnehmer als Arbeitskräfte z. T. in ihren Heimatländern angeworben wurden, um die damaligen Engpässe auf dem hiesigen Arbeitsmarkt zu überbrücken. Diese Arbeitsplätze gab es überwiegend in den großen Metropolen. Zum anderen kamen sie in der Regel mit der Absicht, nur für kurze Zeit in der Bundesrepublik zu bleiben und dann wieder in ihre Heimatländer zurückzukehren. Wenn die Arbeitskräfte nicht in Wohnheimen auf dem jeweiligen Betriebsgelände lebten, mieteten sie sich eine Wohnung, und Mietwohnungen konzentrierten sich damals wie heute in den Großstädten. Die Auflösung dieser Wohnhei-

me nach 1973, die steigende Aufenthaltsdauer sowie die fortschreitende Familienzusammenführung verstärkten das Eindringen ausländischer Haushalte in den Mietwohnungsmarkt der Großstädte.

Neben den siedlungsstrukturellen Unterschieden in der Verteilung der ausländischen Bevölkerung ist ein markantes Süd-Nord-Gefälle bemerkenswert. So beträgt der Ausländeranteil in München 22,3 %, Stuttgart 20,4 %, Frankfurt/Main 23,9 %, Köln 17,0 %, Duisburg 14,9 %, Hannover 11,2 % und Hamburg 12,1 %. In den frühen 60er Jahren begann die Beschäftigung ausländischer Arbeitnehmer im Süden der Bundesrepublik und breitete sich dann über die Großstädte nach Norden aus. Da sich im Verlauf der Zuwanderung die nationale Zusammensetzung änderte (zuerst vorwiegend Italiener, dann Jugoslawen und zuletzt Türken), weist die ausländische Bevölkerung in den südlichen Großstädten eine stärkere nationale Mischung auf als im Norden wie z. B. im Ruhrgebiet, in Hannover oder Bremen, wo die türkischen Einwohner oftmals mehr als die Hälfte der dortigen Ausländer stellen.

Auch innerhalb der Großstädte gibt es in Abhängigkeit vom sozialen Status und von der Wohnqualität erhebliche Unterschiede. So liegen Ausländeranteile von durchaus über 50 % in Wohngebieten vor, die in der Nähe von Industriestandorten liegen, in denen der überwiegende Teil der Erwerbstätigen Arbeiter sind und in denen die Wohnqualität sowohl bez. Größe als auch Ausstattung deutlich schlechter als im übrigen Stadtgebiet ist. Insgesamt betrachtet verringert sich die Bedeutung der ausländischen Einwohner mit zunehmender Distanz zum Stadtzentrum. Ausgesprochene "Ausländerviertel" gibt es in den Großstädten nahe der City, in Gebieten mit einem hohen Anteil der "Mietskasernen" aus dem vorigen Jahrhundert (→II.3). Hier ist auch ein großer Teil der privaten Dienstleistungen wie des Einzelhandels im Besitz ausländischer Mitbürger: Lebensmittelgeschäfte, Schneidereien, Reisebüros, Restaurants, Eiscafés usw. Diese Konzentration auf bestimmte Wohngebiete ist weniger vom Wunsch der Ausländer, in der Nähe ihrer Landsleute zu leben, bestimmt, sondern vielmehr von den erheblichen Schwierigkeiten ausländischer Haushalte, überhaupt eine Wohnung zu finden.

36

III. Natur und Ökologie

III.1 Naturräume – Vielfalt, die fasziniert

Geologische Entstehung und glaziale Überformung, unterschiedliche Höhenlagen, engmaschiges Flußnetz, Temperatur- und Niederschlagsverteilung sowie die gegenwärtige Flächennutzung haben zu einem breiten Spektrum geographischer Naturräume geführt. Drei bilden von Nord nach Süd die Hauptbausteine: das Mitteleuropäische Tiefland, die Mittelgebirgsschwelle und die Alpen mit dem Alpenvorland (→Abb. 28, 30). Deutschland liegt in der gemäßigten Klimazone. Während der Nordwesten und Norden ozeanisch beeinflußt werden, herrscht im größten Teil Deutschlands ein Übergangsklima vor, das im Osten kontinentale Züge trägt. Die weit nach Norden vorgeschobene Lage des europäischen Mittelgebirgsgürtels sowie dessen Gliederung in Höhenrücken, Täler, Becken und Senken bewirken sowohl eine kleinräumige Modifizierung der Witterung als auch eine entsprechende Verteilung von Böden und Vegetation. Niederschläge fallen während des gesamten Jahres. Im Tiefland sind das jährlich 500-700 mm, im Mittelgebirge 700-1 500 mm und in den Alpen über 2 000 mm. Die mittlere Jahrestemperatur liegt in den höheren Lagen bei +2° C und im Tiefland bei +9° C.

Nord- und Ostseeküste

Die meisten deutschen Küstenabschnitte erhielten ihre entscheidende Oberflächengestaltung während und nach der letzten Eiszeit. Formen und Ablagerungen, welche die aus Skandinavien nach Süden und Südwesten vorstoßenden Gletscher hinterlassen haben, sind an der Ostseeküste besonders gut erhalten, weil dieses Gebiet erst vor ca. 10 000 Jahren eisfrei wurde.

In der Nacheiszeit beeinflußten langzeitliche Meeresspiegelschwankungen in der Nord- und Ostsee den Küstenverlauf sowie die Entstehung von Inseln und Halbinseln. In der Gegenwart bestimmen an der Nordseeküste vor allem der kurzzeitige Rhythmus von Ebbe und Flut und an der Ostseeküste die Wechselwirkung von Abtragung und Anlagerung Form und Verlauf der Küste. Die durch Gezeiten-Unterschiede charakterisierte Nordseeküste Deutschlands weist zwischen

Bild 21: Marschlandgewinnung an der deutschen Nordseeküste
Quelle: Kreisbildstelle Norden

dem Festland und den Ost- und Nordfriesischen Inseln ein typisches *Wattenmeer* auf (→Abb. 28; III.3). An seinem Rand, im Bereich der Flachküsten, führten die aus Feinsanden und Schlick bestehenden Anschwemmungen zur Ausbildung sog. *Küsten-* oder *Seemarschen* (→Abb. 28, Bild 21). Entlang der noch unter dem Einfluß der Gezeiten stehenden Flußmündungen von Ems, Weser und Elbe haben sich die sog. *Flußmarschen* ausgebildet.

Der westlichste Teil der deutschen Ostseeküste verdankt seine Oberflächenformen vor allem der ausschürfenden

Bild 22: Kreideküste im Jasmunder Nationalpark auf Rügen (L. Jeschke)

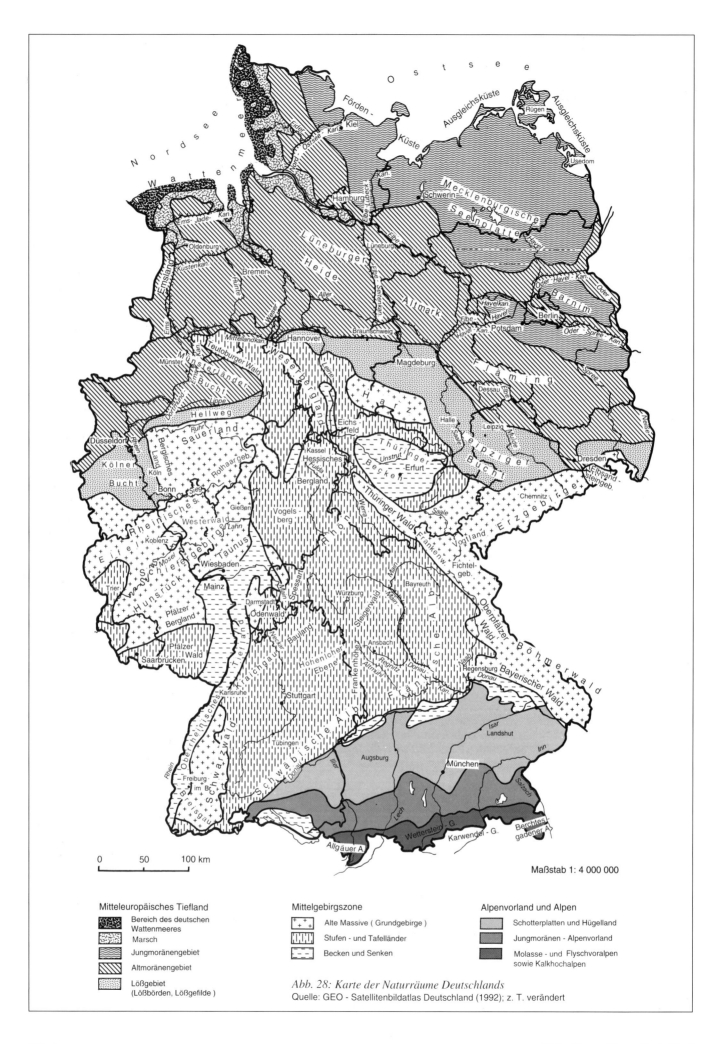

Abb. 28: *Karte der Naturräume Deutschlands*
Quelle: GEO - Satellitenbildatlas Deutschland (1992); z. T. verändert

Mitteleuropäisches Tiefland

- Bereich des deutschen Wattenmeeres
- Marsch
- Jungmoränengebiet
- Altmoränengebiet
- Lößgebiet (Lößbörden, Lößgefilde)

Mittelgebirgszone

- Alte Massive (Grundgebirge)
- Stufen - und Tafelländer
- Becken und Senken

Alpenvorland und Alpen

- Schotterplatten und Hügelland
- Jungmoränen - Alpenvorland
- Molasse - und Flyschvoralpen sowie Kalkhochalpen

Maßstab 1: 4 000 000

0   50   100 km

Bild 23: Mecklenburgische Seenplatte im Müritz-Nationalpark (U. MESSNER)

Tätigkeit der skandinavischen Gletscher, so daß eine Vielzahl von Zungenbecken entstanden, die heute von zahlreichen Buchten bzw. Förden eingenommen werden. Sie prägen die *Fördenküste* in Schleswig-Holstein und im Nordwesten Mecklenburg-Vorpommerns (→Abb. 28). Östlich davon folgen große Abschnitte der sog. Ausgleichsküste, das sind miteinander abwechselnde Bereiche der Abtragung und Anlandung von Küstenmaterial, und der *Boddenküste*, wo die vorgelagerten Inseln und Halbinseln dahinterliegende Uferbereiche nahezu bzw. vollständig vom offenen Meer abschneiden. Sowohl entlang der Insel Rügen, deren weiße Kreidekliffs (→Bild 22) an der Ost-seite bis zu 122 m aus dem Meer herausragen, als auch entlang der Insel Usedom findet man Abschnitte der Ausgleichs- und Boddenküste. Südlich der Ostseeküste schließen sich die norddeutschen Jungmoränengebiete an (→Abb. 28).

Norddeutsches Jungmoränengebiet

Während des Pleistozäns stieß das skandinavische Inlandeis mehrere Male bis nach Mitteleuropa vor, bedeckte den nördlichen Teil Deutschlands und hinterließ dort nach dem Abschmelzen mitgeführte Schuttmassen sowie vom Untergrund losgelöstes Material u. a. in Form von Grund- und Endmoränen (Gletscherablagerungen am Eisrand). Der letzte Vorstoß endete vor ca. 22 000 Jahren südlich von Berlin: Das Gebiet zwischen dem sog. "Brandenburger Stadium", der Hauptendmoräne, welche den südlichen Eisrand der sog. Weichselvereisung markiert, und der Ostseeküste wird als *Jungmoränengebiet* bezeichnet (→Abb. 30), da deren Oberfläche von jüngeren Ablagerungen geformt werden als die südlich davon vorkommenden Sedimente älterer Gletschervorstöße.

Besonders im Osten Deutschlands sind eine Vielzahl eiszeitlicher (glazigener) Ablagerungen in geradezu idealer Form, in der sog. "glazialen Serie", angeordnet: ebene und kuppige Grundmoräne, Endmoräne, Sander, Urstromtal (→Abb. 29). Sie bilden zusammen mit glazigenen Kleinformen typische Glaziallandschaften. Innerhalb der Jungmoränengebiete nehmen die Grundmoränen-Platten die größten Flächen ein. Sie bestehen überwiegend aus kalkhaltigen, fruchtbaren Böden, die intensiv landwirtschaftlich genutzt werden. Dagegen überwiegen Waldbestände auf den stein- und sandreicheren Endmoränen auch wegen der z. T. beträchtlichen Reliefenergie. Diese Gebiete sind aufgrund ihres Seenreichtums beliebte Naherholungs- und Fremdenverkehrsregionen wie z. B. die Holsteinische Schweiz und die Mecklenburgische Seenplatte (→Abb. 28, Bild 23). Die nährstoffarmen Böden der Sander werden teils land-, teils forstwirtschaftlich genutzt (→Abb. 29). Ähnliches gilt für die ehemaligen Urstromtäler mit ihren Talsandterrassen und Flachmooren. Letztere wurden gerade im Osten Deutschlands nicht selten aufgrund umfangreicher Meliorationsmaßnahmen, die ins 17. Jh. zurückreichen, einer landwirtschaftlichen Nutzung zugeführt.

Norddeutsches Altmoränengebiet

Nach Süden, in Schleswig-Holstein nach Westen, schließen sich an die Jungmoränen- die *Altmoränengebiete* (→Abb. 28, 30) an. Bei den älteren nordischen Vereisungen stießen die Gletscher bis an den Rand der Mittelgebirge und z. T. bis in die Mittelgebirge hinein vor. Hier sind die eiszeitlichen Ablagerungen älter als im Jungmoränengebiet und unterlagen damit schon wesentlich länger Abtragungs- und Umlagerungsprozessen. Daher konnten sich im Altmoränengebiet die typischen Glaziallandschaften nicht erhalten. Der bereits stark entkalkte Geschiebelehm wird meist von einer Sandschicht überlagert, z. T. sind auch ganze Sand-

Urstromtal/ Schmelzwasserabfluß	Sander	Endmoräne	kuppige Grundmoräne	ebene Grundmoräne	Glieder der glazialen Serie
Wiesen, Weiden	Äcker, Wald	Wald	Wald, Wiesen	Äcker	dominante Bodennutzung
Auenböden	Podsole, Braunpodsole	Braunpodsole, Braunerden	Pseudogleye, Parabraunerden	Parabraunerden	dominante Böden
Sand, Ton	Sand	Sand, blockreicher Geschiebelehm, Kies	steinreicher Geschiebemergel		dominante Substrate
glazifluviale Sedimente		glazigene Sedimente			Sedimentgenese

Abb. 29: Idealprofil der glazialen Serie im Norddeutschen Jungmoränengebiet
Quelle: OPP; eigener Entwurf

39

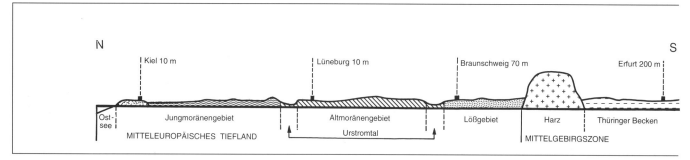

N   S

Kiel 10 m   Lüneburg 10 m   Braunschweig 70 m   Erfurt 200 m

Ost-see

Jungmoränengebiet   Altmoränengebiet   Lößgebiet   Harz   Thüringer Becken

MITTELEUROPÄISCHES TIEFLAND   Urstromtal   MITTELGEBIRGSZONE

Abb. 30: Nord-Süd-Profil der Naturräume Deutschlands; Quelle: GEO-Satellitenbildatlas Deutschland 1992; überarbeitet

wälle, sog. Binnendünen, aufgesetzt. Diese nur wenig fruchtbaren, mehr oder weniger ebenen Gebiete werden in Nordwestdeutschland *Geest* genannt. Die höchsten Erhebungen innerhalb der Altmoränen stellen der Fläming mit 201 m und seine nordwestliche Fortsetzung, die Lüneburger Heide, mit 169 m dar (→Abb. 28).

Lößgürtel

Als der mittlere und südliche Teil des Norddeutschen Tieflandes bereits eisfrei waren, herrschte dort aufgrund der Nähe zum Eis ein kalttrockenes Klima vor. In diesen baumfreien Gebieten kam es zu umfangreichen Auswehungen von Feinmaterial, so daß Decken aus Sand, Sandlöß und Löß die älteren eiszeitlichen Sedimente verhüllen. Nördlich der Mittelgebirge findet man in Deutschland einen mehr oder weniger breiten Saum dieser Löß- und lößähnlichen Ablagerungen (→Abb. 28), der lediglich durch den Teutoburger Wald und das Weserbergland unterbrochen wird. Die natürliche Fruchtbarkeit der dortigen Böden begünstigte eine frühe Besiedlung. In diesen als *Löß-Börde* bzw. *Gefilde* bezeichneten Landschaften werden die höchsten landwirtschaftlichen Erträge in Deutschland erzielt. Große Schläge bzw. eine den Reliefverhältnissen schlecht angepaßte Bewirtschaftung führen in diesen intensiv ackerbaulich genutzten Räumen nach Niederschlägen oft zu Bodenabspülungen.

Mittelgebirge

Der sich südlich an die Lößgebiete anschließende und bis zur Donau reichende Mittelgebirgsgürtel (→Abb. 28, 30) weist drei grundlegende Bautypen der Oberflächengestaltung auf. Einmal sind es die sog. *Alten Massive* bzw. *das Grundgebirge,* deren Entstehung im wesentlichen auf die variskische Gebirgsbildung im Karbon (vor ca. 250 Mio. Jahren) und auf die Bruchschollenbildung im Tertiär (vor ca. 30 Mio. Jahren) zurückgeht. Ihre Oberflächenformen beruhen vor allem auf den

Bild 24: Schwäbische Alb – Albtrauf mit Zeugenberg
Quelle: Landesbildstelle Baden

Bild 25: Thüringer Becken – Blick auf Mühlberg (CH. OPP)

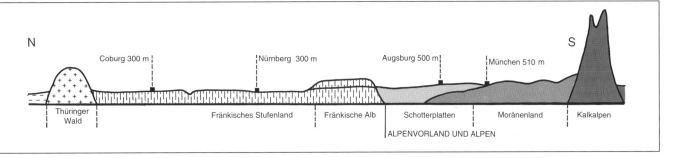

N · S

Coburg 300 m — Nürnberg 300 m — Augsburg 500 m — München 510 m

Thüringer Wald — Fränkisches Stufenland — Fränkische Alb — Schotterplatten — Moränenland — Kalkalpen

ALPENVORLAND UND ALPEN

glazigenen, überwiegend aber wegen der Eisnähe klimabedingten periglaziären Prozessen während des Pleistozäns. Auf den Schuttdecken der Mittelgebirge haben sich mit Ausnahme von lößüberdeckten Bereichen meist nährstoffarme Böden entwickelt, die vorwiegend forstwirtschaftlich, z. T. weidewirtschaftlich genutzt werden. Einen zweiten Bautyp stellen die sog. *Schichtstufen- und Tafelländer* dar. Sie sind in Deutschland überall dort verbreitet, wo Gesteine des Mesozoikums (Trias, Jura, Kreide vor ca. 150 Mio. Jahren) an der Oberfläche vorkommen. Da die Sand- und Kalksteine, Letten und Tone eine sehr unterschiedliche Resistenz gegenüber der Verwitterung und der Erosion aufweisen, kam es in diesen Gebieten zur Schichtstufenbildung, wobei die Lage an tektonisch prädestinierten Störungslinien sowie tektonisch bedingte Hebungen und Senkungen diese Formungsprozesse verstärkten (→Bild 24).

Schließlich sind sowohl innerhalb des Mittelgebirgsgürtels als auch an seinem südlichen Rand größere und kleinere Becken und Senken verbreitet. Ihr Vorkommen ist überwiegend an tektonische Störungslinien bzw. Absenkungsgebiete gebunden. Die größten Areale dieses Bautyps werden vom Thüringer Becken und vom Oberrheinischen Tiefland eingenommen (→Abb. 28, Bilder 25, 26). Während des Periglazials, als es in den eisfreien Räumen zu bedeutenden äolischen Verfrachtungen von Feinmaterial kam, waren die Becken und Senken bevorzugte Akkumulationsgebiete, so daß die natürliche Fruchtbarkeit der z. T. mächtigen Lößsedimente sowie die Klimagunst eine intensive Landwirtschaft ermöglichen. In den Becken und Senken liegen damit günstige Bedingungen für den Anbau von Sonderkulturen, wie z. B. Wein (→IV.7), Obst oder Gemüse vor.

Alpenvorland

Das Alpenvorland schließt sich südlich der Donau an die Stufen- und Tafelländer und im Osten Bayerns an das Grundgebirge

des Bayerischen Waldes an (→Abb. 28).

Der nördliche Teil des Alpenvorlandes baut sich aus Sedimenten auf, die aus unterschiedlichen Erdzeitaltern stammen und in Form von Schotterterrassen, Riedeln, Platten und Hügeln auftreten. In der Karte der Naturräume Deutschlands wird dieses Gebiet als *Schotterplatten- und Hügelland* bezeichnet (→Abb. 28). An den Talrändern der Donaunebenflüsse, welche das Alpenvorland meist in breiten Kastentälern queren, sind teilweise Moore entstanden, die in Bayern den Namen "Moos" tragen, z. B. das Erdinger Moos im Nordwesten von München.

Südlich an dieses Schotterplatten- und Hügelland schließt sich das *Jungmoränen-Alpenvorland* (→Abb. 30) an. Die Oberflächenformen dieses Gebietes, deren Genese mit der jüngsten großen Alpenvereisung in Verbindung steht, sind noch relativ gut erhalten. Die meist girlandenförmig angeordneten Endmoränenwälle, welche diesen Raum nach Norden begrenzen, sind im Gelände zu erkennen. Charakteristisch für diese Landschaft ist der Seenreichtum. Die meisten von ihnen wurden als Zungenbecken oder Rinnen angelegt, von Schmelzwässern unter dem Gletscher ausgeschürft, wie der Ammersee, Starnberger See oder Tegernsee. Viehwirtschaft, Naherholung und Fremdenverkehr sind wichtige Einnahmequellen der Bevölkerung.

Alpen

Die an der Oberfläche anstehenden pleistozänen Sedimente des Jungmo-

Bild 26: Blick über das Oberrheinische Tiefland bei Breisach/Breisgau
Quelle: Landesbildstelle Rheinland-Pfalz (freigegeben durch BR Rheinhessen-Pfalz Nr. LU 31 990)

Bild 27: Blick ins Loisachtal (Oberau) zum Wettersteingebirge (R. ROTHER)

ränen-Alpenvorlandes werden im Süden von mächtigen Sandsteinen und Konglomeraten der Voralpenzone abgelößt. Daran schließen sich die vor allem aus Trias- und Juraschichten aufgebauten Kalkalpen (→Bild 27) an. Auf deutschem Gebiet unterscheidet man die Allgäuer Hochalpen (Hochfrottspitze 2645 m), das Wetterstein- (Zugspitze 2 962 m) und Karwendelgebirge sowie die Berchtesgadener Alpen (Watzmann 2713 m; →Abb. 28; III.3). Die *Kalkhochalpen* weisen charakteristische glazigene Oberflächenformen der Hochgebirge auf: Kare, Trogtäler, End- und Seitenmoränen sowie noch heute existierende kleine Kargletscher im Zugspitz- und im Watzmanngebiet. Zudem hat die im Hochgebirge typische Frostschuttverwitterung vielfältige und faszinierende Formen geschaffen, z. B. Grate, Schutthalden, Wände oder Glatthänge.

III.2 Die Umweltsituation: Entscheidungen sind gefordert

Luftbelastung, Müllvermeidung und -entsorgung, Waldsterben, Schadstoffe in der Nahrungskette, Altlastensanierung, Bodenentgiftung, Gewässerreinigung, Trinkwassergefährdung - das sind Schlagworte, welche die aktuelle umweltpolitische Diskussion in Deutschland kennzeichnen und Entscheidungen erfordern. Im vereinten Deutschland spiegelt die gegenwärtige Umweltsituation die Entwicklung beider Teilgebiete unter verschiedenen gesellschaftlichen und ökonomischen Verhältnissen wider. Ein krisenhafter Zustand der Umwelt beeinträchtigt in weiten Arealen der ehemaligen DDR die Lebensbedingungen der Menschen nachhaltig. Die Luftbelastung beispielsweise, welche die Bevölkerung am ehesten wahrnimmt, war beim Schwefeldioxidausstoß 1989/90 in den neuen Bundesländern etwa fünfzehnmal so hoch wie in der früheren Bundesrepublik.

Die Emissionsentwicklung
Die Emissionsentwicklung (→Abb. 31, 32) weist in beiden Teilräumen für ausgewählte Schadstoffe große Unterschiede auf. So erreichten die *Schwefeldioxid-Emissionen* in den alten Ländern 1973 ein Maximum von 3,75 Mio. Tonnen. Seit diesem Zeitpunkt verringerten sie sich mehr oder minder kontinuierlich auf

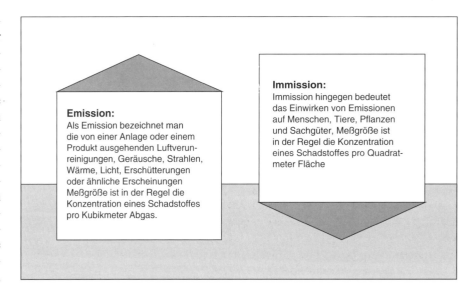

Abb. 31: Emissionen und Immissionen; Quelle: Bundesumweltministerium 1992, S.22

Emission:
Als Emission bezeichnet man die von einer Anlage oder einem Produkt ausgehenden Luftverunreinigungen, Geräusche, Strahlen, Wärme, Licht, Erschütterungen oder ähnliche Erscheinungen Meßgröße ist in der Regel die Konzentration eines Schadstoffes pro Kubikmeter Abgas.

Immission:
Immission hingegen bedeutet das Einwirken von Emissionen auf Menschen, Tiere, Pflanzen und Sachgüter, Meßgröße ist in der Regel die Konzentration eines Schadstoffes pro Quadratmeter Fläche

1 Mio. Tonnen 1989. Für den Rückgang gab es mehrere Gründe. Gesetzliche Auflagen wie die Großfeuerungsanlagen-Verordnung von 1983 trugen entscheidend zum Einbau von Rauchgasentschwefelungsanlagen in den Kraftwerken der Stromwirtschaft bei. Weiterhin sind der Einsatz schwefelarmer Kohle, der sparsamere und effizientere Umgang mit der Energie nach den Preissteigerungen bei Erdöl in den Jahren 1973 und 1979 sowie die Verdrängung der Kohle bei der Strom-

erzeugung zu erwähnen (→IV.4). Im Gegensatz dazu stiegen in der ehemaligen DDR die SO_2-Emissionen von 4,1 Mio. Tonnen (1975) auf 5,25 Mio. Tonnen (1989) an. Die Zunahme ging mit dem Ausstoß im Kraftwerksbereich parallel, da die Stromerzeugung auf stark schwefelhaltige Braunkohle angewiesen war und Abgasentschwefelungsanlagen fehlten. Ähnliche Unterschiede zwischen West- und Ostdeutschland ergaben sich auch bei den *Staubemissionen*. Eine differenzierte Entwicklung besteht wiederum beim Ausstoß von *Stickstoffoxiden* (NO$_x$). Er lag in den alten Ländern deutlich höher als in den neuen. Im früheren Bundesgebiet erhöhte er sich sogar von 2,4 Mio. Tonnen im Jahre 1970 auf 3 Mio. Tonnen 1986 (→Abb. 34). Das steigende Verkehrsaufkommen, insbesondere beim Straßenverkehr (→V.1), verursachte diese Zunahme, denn auf ihn entfallen etwa 50 % des NO$_x$-Ausstoßes. Erst seit 1987 scheint sich eine Trendwende abzuzeichnen. Im Jahre 1989 lagen die NO$_x$-Emissionen mit 2,7 Mio. Tonnen 10 % unter dem Maximum. Dieser Rückgang geht einerseits auf den Einbau von Entstickungsanlagen in den Kraftwerken zurück und andererseits zeigt die Durchsetzung des Drei-Wege-Katalysators für den Pkw erste Erfolge. In der ehemaligen DDR blieb dagegen der Stickstoffoxid-Ausstoß von 1975 bis 1989 etwa auf gleichem Niveau. Mit 0,7 Mio. Tonnen lag er Ende der 80er Jahre bei etwa einem Viertel der Emissionen in der früheren Bundesrepublik (→Abb. 34). Die Ursache ist im stärkeren Einsatz der Braunkohle bei der Energiegewinnung sowie bei Heizungen, in der geringeren Motorisierung und in der Ausstattung der Pkw mit Zweitaktmotoren zu suchen.

Abgesehen von dieser vergleichsweise günstigen Situation im Stickstoffoxidausstoß ist die Lage bei den übrigen Umweltbereichen in der ehemaligen DDR sehr schlecht, teilweise auch im europäischen Maßstab. Besonders gravierende Fälle sind zum Beispiel die Verbringung von Bleischlämmen im Mansfelder Land, die vor dem Zweiten Weltkrieg in gemauerten Bassins verkippt wurden. Als deren Fassungsvermögen erschöpft war, wurden die Schlämme mit hochtoxischen Stoffen wie Cadmium oder Quecksilber ohne jegliche Sicherung abgeladen. Zu nennen sind außerdem der gegenüber Mensch und Umwelt rücksichtslose Uranerzbergbau in Sachsen und Thüringen, wo der radioaktive Abraum ohne Schutz vor Ausblasungen auf Halden geschüttet wurde, sowie der Raum Bitterfeld-Halle-Leipzig, wo Chemiebetriebe ihre Abfälle ohne ausreichende Klärung einfach in Seen und Flüsse einleiteten.

Die entscheidenden Ursachen für diese schwerwiegenden Umweltsünden in der ehemaligen DDR lagen in den Planvorgaben, welche u. a. die Entsorgung anfallenden hochgiftigen Industriemülls nicht einbezog, in der Abkoppelung von

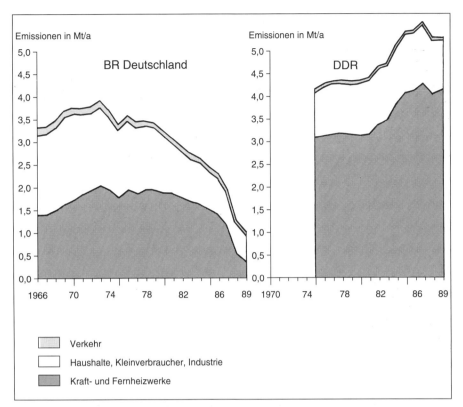

Abb. 32: Schwefeldioxid-Ausstoß in der früheren Bundesrepublik und in der ehemaligen DDR; Quelle: Bundesumweltministerium 1992, S. 24/25

der Weltwirtschaft, in völlig unzureichenden Investitionen in Produktionsanlagen und in der Infrastruktur (Kläranlagen, Leitungssysteme usw.), in der strengsten Geheimhaltung von Umweltdaten und im Fehlen energiesparsamer und ressourcenschonender Technologien.

SO$_2$-Immissionen

Die regionalen Unterschiede bei SO$_2$-Belastungen in der Luft zwischen den alten und neuen Bundesländern einerseits sowie zwischen ländlich geprägten Regionen und den Verdichtungsräumen andererseits kommen in *Abbildung 33* klar zum Ausdruck. Der Rückgang der Emissionen im früheren Bundesgebiet äußert sich auch darin, daß dort der Jahresmittelwert 50 µg/m³ (50 millionstel Gramm pro Kubikmeter) nicht überschreitet und sich im Jahre 1990 nur im Ruhrgebiet sowie im Rhein-Neckar-Raum die durchschnittliche SO$_2$-Konzentration zwischen 25 µg/m³ und 50 µg/m³ bewegte. In den übrigen Gebieten lagen sie unter diesen Werten. Aufgrund der gesetzlichen Vorschriften in den 80er Jahren glichen sich die Immissionen in den Agglomerationen dem niedrigen Niveau in den ländlichen Räumen an. Die SO$_2$-Konzentrationen erreichen heute in den alten Ländern bei weitem nicht mehr den für Schwefeldioxid festgelegten Jahresgrenzwert von 140 µg/m³.

In den neuen Ländern, insbesondere in Sachsen, Sachsen-Anhalt und Thüringen, ist die SO$_2$-Belastung drastisch höher (→Abb. 33). Obwohl von 1988 bis 1990 ein gewisser Rückgang nur aufgrund von Stillegungen einiger Kraftwerke und Industriebetriebe zu erkennen ist, lebt im Gebiet der ehemaligen DDR immer noch ein Drittel der Bevölkerung in Räumen mit SO$_2$-Immissionen oberhalb des gesetzlichen Grenzwertes. Selbst im wenig industrialisierten Norden, in den ländlichen Regionen von Brandenburg sowie Mecklenburg-Vorpommern, entsprechen die Luftbelastungen durch SO$_2$ verbreitet denen der Verdichtungsräume im alten Bundesgebiet. In den Städten Schwerin, Rostock, Wismar und Neubrandenburg liegen sie sogar noch darüber. Große Anteile an den lokalen Emissionsquellen haben die veralteten, mit Braunkohle betriebenen Heizsysteme.

Den unterschiedlichen Trend bei der Luftbelastung mit SO$_2$ hebt ein Vergleich der Jahresmittelwerte von Gelsenkirchen und Leipzig hervor, beides Städte in industriell geprägten Agglomerationen (→Abb. 35). Das Ruhrgebiet galt vor 1970 als die am höchsten durch Luftverunreinigungen belastete Region in der früheren Bundesrepublik. So ermittelte man zu Beginn der 60er Jahre in Gelsenkirchen SO$_2$-Mittelwerte von über 200 µg/m³. Seit 1963 ging jedoch die SO$_2$-Konzentration

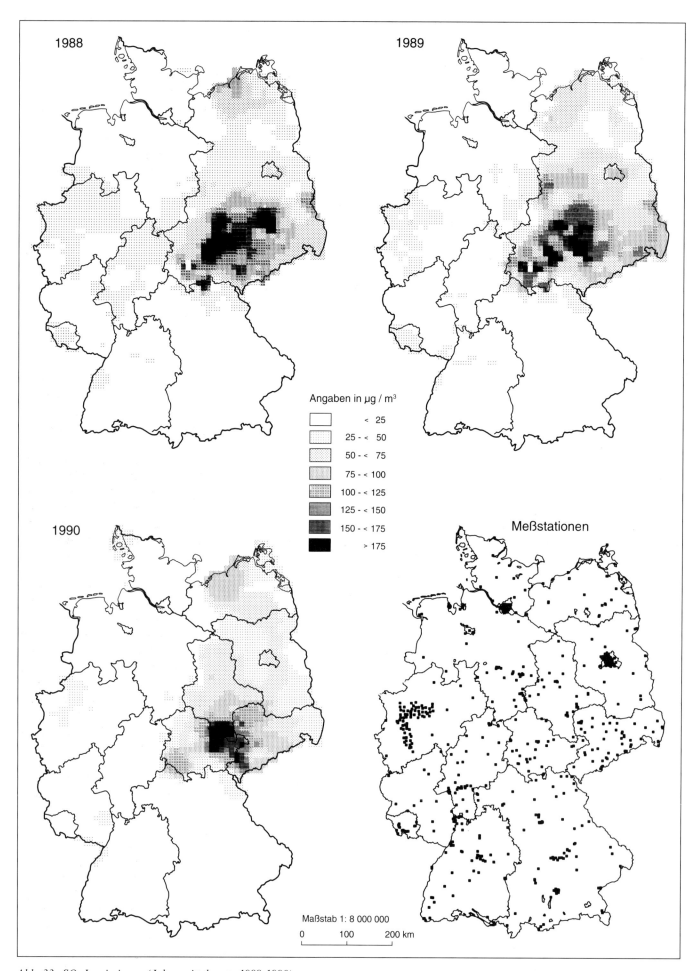

1988

1989

1990

Angaben in µg / m³

	< 25
	25 - < 50
	50 - < 75
	75 - < 100
	100 - < 125
	125 - < 150
	150 - < 175
	> 175

Meßstationen

Maßstab 1: 8 000 000

0   100   200 km

Abb. 33: SO₂-Immissionen (Jahresmittelwerte 1988-1990)
Quelle: Umweltbundesamt 1992, S. 191

Kleine Geographie von Deutschland

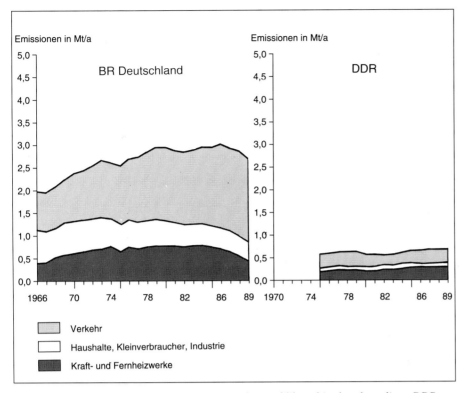

Emissionen in Mt/a — BR Deutschland

Emissionen in Mt/a — DDR

Verkehr

Haushalte, Kleinverbraucher, Industrie

Kraft- und Fernheizwerke

Abb. 34: Stickstoff-Ausstoß in der früheren Bundesrepublik und in der ehemaligen DDR
Quelle: Bundesumweltministerium 1992, S. 26/27

kontinuierlich zurück und erreichte Mitte der 80er Jahre Werte um 100 µg/m³. Entscheidend trugen hierzu die Umstellung der Brennstoffe von Kohle auf Öl und Gas bei, gesetzliche Vorschriften zur Senkung des SO_2-Ausstoßes, die verstärkte Verwendung von schwefelarmem Heizöl in den Kraftwerken, Maßnahmen zur Emissionsminderung in der Industrie sowie der Bau höherer Schornsteine. Seit 1988 ist ein weiterer Rückgang auf die für Ballungsräume sehr niedrigen Werte um

50 µg/m³ festzustellen, die vor allem auf den Einbau von Filteranlagen zurückzuführen sind.

Anders stellt sich die Situation in den industriellen Ballungsgebieten der ehemaligen DDR dar, repräsentiert durch die Station Leipzig-Mitte (→Abb. 35). Hier schwankten die Jahresmittelwerte in den 80er Jahren zwischen 200 µg/m³ und 300 µg/m³. 1990 lag die Konzentration erstmals unter dem gesetzlich vorgeschriebenen Grenzwert. Die am Beispiel des

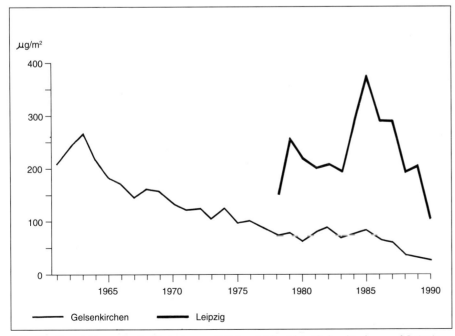

µg/m²

Gelsenkirchen

Leipzig

Abb. 35: Entwicklung der Luftbelastung mit Schwefeldioxid in Gelsenkirchen und Leipzig-
SO_2-Jahresmittelwerte; Quelle: Umweltbundesamt 1992, S. 189

SO_2 beschriebenen Belastungen haben auch Auswirkungen auf den Gesundheitszustand der Menschen. Im südlichen Industriegürtel der neuen Bundesländer treten Bronchitis und asthmatische Erkrankungen verstärkt auf. In diesen Räumen liegen die chronischen Atemwegserkrankungen um 20 % höher als in den weniger belasteten Gebieten im Norden. Es ergeben sich jedoch nicht nur Gefährdungen für die Bevölkerung, sondern auch für die Tier- und Pflanzenwelt.

Waldschäden
In Mitteleuropa sind Wälder die von Natur aus vorherrschenden Ökosysteme mit vielfältigen Vegetationstypen und artenreichen Lebensgemeinschaften. Gerade in einem dicht besiedelten und hochindustrialisierten Land wie Deutschland besitzen Wälder vielfältige Aufgaben. Ihre Nutz- und Erholungsfunktion sind von sozialer wie ökonomischer Bedeutung. Die Wälder stellen zudem bedeutende ökologische Ausgleichsräume dar. Einerseits bilden sie großräumige und zusammenhängende Ökosysteme, andererseits dienen sie in waldarmen Landschaften als Rückzugsgebiete für Pflanzen und Tiere. Weiterhin wirkt sich die im Vergleich zu landwirtschaftlich genutzten Flächen geringere Bewirtschaftungsintensität positiv auf den Natur- und Artenschutz, aber auch z. B. auf eine niedrige Nitratbelastung des Grundwassers aus.

Die Beeinflussung der Vegetation durch Immissionen zeigt sich augenfällig am Gesundheitszustand der Bäume. Großflächig können Waldschäden auftreten, die in einigen Teilen Deutschlands beängstigende Ausmaße annehmen, so daß man sogar von "Waldsterben" spricht. Eine vergleichbare Waldschadenskennzeichnung war nach den Richtlinien der Wirtschaftskommission der Vereinten Nationen für Europa (ECE) für Ost- und Westdeutschland erstmals im Jahre 1990 möglich. Man unterscheidet fünf Schadstufen, Hauptkriterien für die Beurteilung sind Nadel- oder Blattverluste (→Abb. 36). Liegen diese unter 10 % im Vergleich zu einem gesunden Baum, dann trifft die Schadstufe 0, keine Schädigung, zu. Die Klassifikation erfaßt weiterhin "schwach" (Schadstufe 1, 10 % bis unter 25 %), "mittelstark" (Schadstufe 2, 25 % bis unter 60 %) und "stark" geschädigte Bäume (Schadstufe 3, mindestens 60 %). Sind diese sogar abgestorben, dann gehören sie zur Schadstufe 4. Die Erhebung im Jahre 1991 für Deutschland ergab eine

Geschädigte Fläche
in Prozent der Waldfläche
des Wuchsgebietes

> 20 - 30		> 50 - 60
> 30 - 40		> 60 - 70
> 40 - 50		über 70

Maßstab 1 : 4 000 000

0   50   100 km

Stand: 1991

Abb. 36: Waldschäden in der Bundesrepublik Deutschland 1991 (alle Baumarten, Schadstufen 1 bis 4)
Quelle: Umweltbundesamt 1992, S. 176

schwache Schädigung für 39 % und eine deutliche für 25 % der Bäume. Die regionale Übersicht über die Waldschadenssituation verdeutlicht, daß in den neuen Bundesländern sowie in Bayern, Baden-Württemberg, Hessen und Rheinland-Pfalz fast durchweg über 50 % der Bäume den Schadstufen 1 bis 4 zugeordnet wurden. Die Ursachen dürften neben Witterungsfaktoren und biotischen Einflüssen vor allem in der hohen Luftbelastung mit Schwefeldioxid, Stickstoffoxiden oder chlorierten Kohlenwasserstoffen liegen. Forschungsergebnisse weisen jüngst nach, daß die Schadstoffe das Wachstum der Wälder polarisieren: In höheren Lagen stören sie auf den Böden geringer Güte das Nährstoffangebot durch Versauerung, während sie auf den nährstoffarmen Flächen ein zunächst weitgehend unbemerktes Wachstum in Gang gesetzt haben. Spätestens seit Mitte der 70er Jahre gewann ökologisches Denken in der Öffentlichkeit mehr und mehr Einfluß. Dadurch erhielt die Umweltpolitik und -forschung immer neue Impulse. Trotzdem sind noch viele Fragen offen, bedürfen weiterer wissenschaftlicher Untersuchungen, aber auch gesetzlicher Regelungen. Hierzu zählt z. B. die Begrenzung des Kohlendioxidausstoßes mit seinen länderübergreifenden Auswirkungen u. a. auf Veränderungen des Klimas.

III.3 Natur- und Landschaftsschutz an Beispielen

Seit ihrem Bestehen bemüht sich die Bundesrepublik, Natur und Landschaft vor vermeidbaren Schäden zu schützen. Damit führt sie alte Traditionen fort. Bundesregierung, Fachverbände und private Organisationen haben vielfältige Möglichkeiten geschaffen, den Gedanken des Natur- und Landschaftsschutzes, d. h. der Bewahrung oder Wiederherstellung natürlicher Lebensräume mit Inhalt zu füllen.

Daß es erforderlich ist, auch weiterhin Natur- und Landschaftsschutz aktiv zu betreiben, zeigt der Umfang der derzeit bestehenden nationalen Roten Liste - eine Zusammenstellung der bereits ausgestorbenen oder als gefährdet angesehenen Arten (etwa die Hälfte aller Wirbeltiere und rund ein Drittel der Farn- und Blütenpflanzen).

Die Ursachen für das Ausmaß des Artenrückganges sind vielfältig: Verkleinerung oder gar Zerstörung, Zersplitterung und Entwertung der Lebensräume von Tieren und Pflanzen, Beeinträchtigung durch fortschreitende Bebauung, Belastung von Luft, Boden und Gewässern (→III. 2), Veränderungen des Wasserhaushaltes, Beseitigung von Gehölzen, Sträuchern, Hecken oder Kleingewässern.

Die rechtliche Grundlage zur Verwirklichung von Naturschutzzielen regelt das Bundesnaturschutzgesetz. Es weist u. a. verschiedene Kategorien zu schützender Gebiete aus: Naturschutzgebiete, Nationalparke, Landschaftsschutzgebiete, Naturdenkmäler, geschützte Landschaftsteile und Naturparke (→Abb. 37). Zu ergänzen sind die Biosphärenreservate.

Rechtlich am strengsten geschützt sind die Naturschutzgebiete. Zwar nehmen sie immerhin einen Anteil von rund 2 % der Landesfläche ein, doch kann die enorme Zersplitterung in eine Vielzahl von Gebieten mit weniger als 50 ha Störungen

Bild 28: Luftbild vom Nationalpark Berchtesgaden
Quelle: Nationalparkverwaltung Berchtesgaden

auf die Tier- und Pflanzenwelt durch menschliche Aktivitäten nicht ausschließen. Nationalparke sind großräumig angelegte und einheitlich zu schützende Gebiete. Sie sollen
- einzigartige Naturlandschaften vor Zerstörung bewahren,
- Lebensraum für möglichst viele heimische Pflanzen- und Tierarten in ihren typischen Lebensgemeinschaften bieten,
- Natur sich weitgehend frei entfalten und sich selbst regulieren lassen und
- von ökonomischen Aktivitäten der Menschen möglichst nicht gestört werden.

Abb. 37: Nationalparke, Naturparke und Biosphärenreservate in der Bundesrepublik Deutschland (Stand:1.1.1991)
Quelle: Bundesforschungsanstalt für Naturschutz und Landschaftsökologie (BFANL), Bonn - Bad Godesberg

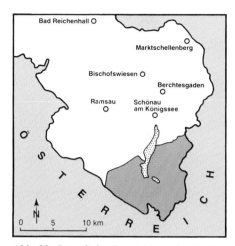 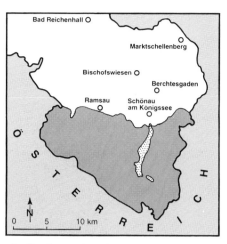 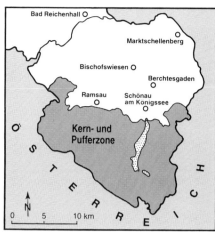

Abb. 38: Räumliche Entwicklung des Nationalparks Berchtesgaden; Quelle: Nationalparkverwaltung Berchtesgaden

Im vereinten Deutschland gibt es derzeit zehn solcher Nationalparke mit einer Fläche von insgesamt 620 000 ha, der kleinste liegt im Harz mit ca. 2 000 ha, und der größte ist das Wattenmeer mit 536 700 ha an der Nordseeküste.

Die drei folgenden regionalen Beispiele repräsentieren die drei naturräumlichen Großeinheiten Deutschlands (→III.1). Sie sollen die Entwicklung sowie die spezifischen Konflikte zwischen Erhalt und Zerstörung der Umwelt umreißen.

Nationalpark Berchtesgaden
Dieser Nationalpark befindet sich im Südosten der Bundesrepublik Deutschland und grenzt an das österreichische Bundesland Salzburg (→Abb. 37, 38). Er soll die natürlichen Lebensgrundlagen für Tiere und Pflanzen im Hochgebirge erhalten und schützen. Er wurde zwar erst

im Jahre 1978 durch eine Verordnung der Bayerischen Staatsregierung rechtsverbindlich festgelegt, blickt aber als geschütztes Gebiet in Teilen auf eine bereits langjährige Tradition zurück (→Abb. 38). Schon im Jahr 1910 wurde der "Pflanzenschonbezirk Berchtesgadener Alpen" mit ca. 8 600 ha Größe eingerichtet. In Verbindung mit der Ausweitung des Schutzinhaltes von Pflanzen auch auf Wildtiere und gleichzeitiger territorialer Erweiterung entstand aus dem Pflanzenschonbezirk im Jahre 1921 das ca. 20 400 ha große "Naturschutzgebiet Königssee". Im Jahr 1978 schließlich wurde dann der "Nationalpark Berchtesgaden" mit den verschiedenen Schutzzonen eingerichtet (→Abb. 38).

Mit einer Fläche von 210 km² umfaßt er im wesentlichen die Berchtesgadener Hochalpen mit dem 2 713 m hohen Watz-

mann (→III.1; Bild 28). Wesentliche Charakteristika der Landschaft sind die tiefen und breiten Trogtäler mit den Siedlungen und weiten Arealen der Grünlandwirtschaft, die Zungenbecken- und Karseen, so der Königssee mit seiner hohen landschaftlichen Anziehungskraft für Fremdenverkehr und Naherholung, die steilen Talhänge mit ihren Wäldern und der darüber liegenden Zone der Almwirtschaft sowie die alpinen Rasen und Felsen in den Höhenlagen über der Baumgrenze (→Bild 28). Der Nationalpark umfaßt damit auch Teile einer von Menschen geprägten Landschaft. Beispielsweise werden ca. 4 % seiner Fläche von offenen Almweiden als integrierte dauerhafte Bestandteile einer möglichst naturnahen Kulturlandschaft eingenommen. Die natürlichen Standortbedingungen, im wesentlichen bestimmt durch Gestein, Höhenstu-

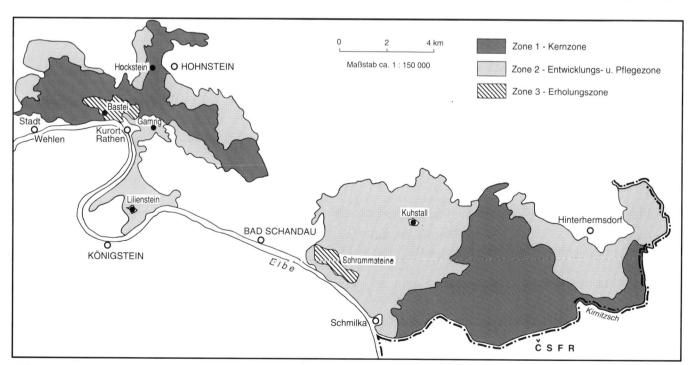

Abb. 39: Lage und räumliche Gliederung des Nationalparks Sächsische Schweiz
Quelle: Nationalpark Sächsische Schweiz 1991, S. 8/9

49

Bild 29: Nationalpark Sächsische Schweiz – Elbtal mit Lilienstein
Quelle: Sächsische Landesbibliothek, Abt. Deutsche Fotothek, Dresden

fen und Klima, zeichnen sich durch eine außerordentliche Vielfalt aus. Der Artenreichtum dokumentiert sich in ca. 1 700 Arten von Pilzen, ca. 600 Flechten-, 500 Moosarten. An Gefäßpflanzen gibt es etwa 1 000, an Kriechtieren 7, an Fischen 15 Arten. Besonders erwähnenswert unter den Blütenpflanzen sind Pyrenäen-Drachenmaul, Hausmanns Mannschild, Bursers Steinbrech, Tauernblümchen, bei den alpinen Tierarten Gams, Steinbock, Murmeltier, Schneehase, Schnee-, Birk- und Auerhuhn. Leider früher schon ausgerottet wurden Wolf, Luchs, Bär und Bartgeier.

Einen großen Stellenwert nimmt die Forschung im Nationalpark ein. Seit 1983 werden Untersuchungen im Rahmen des "Man and Biosphere"-Programms der UNESCO durchgeführt, insbesondere zum Einfluß des Menschen auf Hochgebirgsökosysteme. In Zusammenarbeit mit Österreich, der Schweiz, Frankreich, den USA, Kanada u. a. Staaten werden die Auswirkungen menschlicher Aktivitäten (Sommer- und Wintertourismus, Verkehr, Alm- und Forstwirtschaft) auf den Naturhaushalt untersucht sowie Möglichkeiten

für eine dauerhafte Erhaltung der Lebensräume im Hochgebirge erarbeitet.

Neben der Erforschung der natürlichen Grundlagen und der Lebensgemeinschaften gehören naturkundliche Bildung und Information der Nationalparkbesucher sowie in erster Linie der großflächige Schutz der gesamten Natur zu den wesentlichen Zielstellungen eines Nationalparks.

Das ständige Bemühen zur Umsetzung dieser Ziele hilft dem Nationalpark, eine schon im Jahre 1898 von HEINRICH NOË geäußerte Vision zu bewahren und weiterzuentwickeln: "Berchtesgaden ist der Yellowstone Park der Deutschen Alpen".

Nationalpark Sächsische Schweiz

Dieser Nationalpark (→Abb. 39) wird von einem Teil des Elbsandsteingebirges eingenommen (→Abb. 37), das zu den Mittelgebirgen zählt (→III.1). Es erstreckt sich etwa 25 km von Norden nach Süden und rund 30 km von Westen nach Osten. Für den Gebirgsteil auf der deutschen Seite hat sich seit Anfang des 19. Jh.s die Bezeichnung Sächsische Schweiz, für den

böhmischen Anteil analog die der Böhmischen Schweiz (Ceské svycarsko) eingebürgert.

Geologisch ist das Elbsandsteingebirge ein Teil der Böhmischen Kreidemulde, die hier weit nach Norden ragt. Sein Untergrund besteht überwiegend aus verschiedenen Sandsteinen der Kreidezeit. Einige Basalt- und Phonolithschlote durchbrachen die Sedimentgesteine während des Tertiärs und sitzen als weithin sichtbare Berge den Sandsteinschichten auf (Großer Winterberg).

In der Sächsischen Schweiz unterscheidet man folgende Gebiete (→Abb. 39) mit etwa gleicher naturräumlicher Ausstattung: die Vordere Sächsische Schweiz (rund 25 % der Gesamtfläche), das Linkselbische Bergland der Sächsischen Schweiz (20 %), die Zentrale Sächsische Schweiz (43 %) und die Hintere Sächsische Schweiz (12 %). In dem Linkselbischen Bergland befinden sich wie in der Zentralen Sächsischen Schweiz zahlreiche touristische und klettersportliche Anziehungspunkte. Der zentrale Teil besteht aus den typischen Landschaftsteilen Elbtal, Ebenheiten und Tafelberge sowie eingeschalteten Felsrevieren (→Bild 29). Das Elbtal und die Täler der Nebenbäche sind schluchtartig 100 m und tiefer eingeschnitten.

Der seit der Mitte des 19. Jh.s stark angestiegene Fremdenverkehr führte zu mannigfachen Beeinträchtigungen der Landschaft. Um die Naturschönheiten zu erhalten, gründeten bereits 1877 Naturfreunde den "Gebirgsverein für die Sächsische Schweiz", 1910 den "Verein zum Schutze der Sächsischen Schweiz". Die Anzahl der Besucher hatte nach der Einführung der Dampfschiffahrt auf der Elbe 1837 und des Eisenbahnverkehrs 1850/1851 stark zugenommen. Nach 1918 kam der Kraftverkehr noch hinzu, der schließlich nach dem Zweiten Weltkrieg zu Formen des Massentourismus führte.

Die Sächsische Schweiz gab aufgrund ihrer Bedeutung als Wander-, Kletter- und Urlaubsgebiet Natur- und Heimatfreunden sowie Förstern schon frühzeitig Anlaß, sich für den Schutz dieser Landschaft einzusetzen. So legte ein Oberforstmeister aus Bad Schandau bereits 1928 eine Denkschrift "über die Erhaltung der Sächsischen Schweiz als Erholungsgebiet" vor. Als spätes Ergebnis dieser Bemühungen wurde am 1. September 1956 die 36 000 ha große Fläche als Landschaftsschutzgebiet ausgewiesen, in dem sich mehrere Naturschutzgebiete und zahlreiche Naturdenkmale befinden.

Der Nationalpark Sächsische Schweiz wurde durch einen Ministerratsbeschluß vom 12. September 1990 festgelegt (→Abb. 39). Seine Einweihung erfolgte am 27./28. April 1991. Die Größe beträgt etwa 9 300 ha, von denen rund 94 % mit Wald bestanden sind. Der Nationalpark setzt sich aus zwei getrennten Teilen zusammen: dem Schrammstein-Winterberg-Gebiet und dem Bastei-Polenztal-Gebiet. In beiden Teilen gibt es drei verschiedene Zonen: Kernzone (knapp 4 000 ha), Entwicklungs- und Pflegezone (ca. 5 000 ha) und Erholungszone (300 ha).

Im Nationalpark treten – wie im gesamten Landschaftsschutzgebiet – mehrere ökologische Probleme auf, deren zufriedenstellende Lösung einige Jahrzehnte in Anspruch nehmen dürfte. So sollten die forstliche Übernutzung eingestellt und geeignete Waldpflegemaßnahmen eingeleitet werden. Gleichzeitig ist anzustreben, in bestimmten Gebieten standortfremde Arten, vor allem die der Fichte, in naturnahe Waldgesellschaften zu überführen. Diese Vorhaben sind um so dringender, als die Fichten seit den

Abb. 40: Nationalpark Wattenmeer
Quelle: Burger 1991; zusammengestellt aus mehreren Abbildungen

60er Jahren zunehmend Rauchschäden zeigen. Aber auch die anderen Nadel- und Laubbaumarten sind durch Rauchimmissionen stärker geschädigt, als bisher angenommen wurde. Besonders große ökologische Probleme verursacht die Nutzung des Parks durch den Tourismus. Hierzu gehört die Kletterei, die im Nationalpark unter Beachtung einiger zusätzlicher Regeln, aber nicht mehr an allen Felsen weiterhin möglich ist. Viele der im Sächsischen Bergsteigerbund organisierten Kletterer zählen zu den Naturfreunden, die sich aktiv an der Pflege der Landschaft beteiligen. Zahlreiche Probleme bringen vor allem die Urlauber und Tagesausflügler mit sich, die ganzjährig in großer Anzahl den Park besuchen. Offenflächen, d. h. nicht mit Wald bestandene Areale innerhalb des Parks, sollen aus landschaftsästhetischen Gründen zukünftig nur noch extensiv als Grünland genutzt werden. Ökologisch problematisch ist die südwestlich des Nationalparks geplante Autobahn zwischen Dresden und Prag. Die Belastung der Elbe mit

organischen Abfallstoffen entsprach 1989 der Gewässergütestufe 3, die mit Salz der Stufe 2 (mäßig belastet) und die mit gebietsspezifischen Inhaltsstoffen der Stufe 4 (übermäßig verschmutzt). Der Ausbau einer Großkläranlage bei Dresden wird in Zukunft die Wasserqualität nachhaltig verbessern.

Nationalpark Wattenmeer

Das Wattenmeer, kurz das Watt genannt, erstreckt sich parallel der Nordseeküste über eine Länge von 450 km. Es reicht von Den Helder/Niederlande bis Esbjerg/Dänemark (→Abb. 37). Die Breite dieses Flachmeerbereiches schwankt zwischen 10 und 40 km. Im Abschnitt der deutschen Nordseeküste (=60 % des 8 000 km² großen Watts) sind folgende drei Nationalparke (→Abb. 40) ausgewiesen: Schleswig-Holsteinisches (285 000 ha, seit 1985), Hamburgisches (11 700 ha, seit 1990) und Niedersächsisches Wattenmeer (240 000 ha, seit 1986).

Der Nationalpark *Schleswig-Holsteinisches Wattenmeer* wird im Vergleich

Bild 30: Blick über das Wattenmeer bei Norddeich
Quelle: Kreisbildstelle Norden

zu den beiden anderen Schutzgebieten am wenigsten durch Erholung und Fremdenverkehr genutzt. Das ist ein Grund dafür, daß er zum bedeutendsten Rastplatz für gleichzeitig bis zu 1,3 Mio. Vögeln wurde. Über 30 Vogelarten der Feuchtwiesen und der Küste brüten auf den Salzwiesen und Strandinseln.

Im Nationalpark *Hamburgisches Wattenmeer* befindet sich die besiedelte Insel Neuwerk (→Abb. 40). Auf ihr legte man bereits 1556 einen flachen Deich zum Schutze an; später folgten weitere derartige Bauten. Da die Salzwiesen und das Vorland der Insel wichtige Rast- und Brutbiotope für Vögel darstellen, ist z. B.

die Beweidung durch Vieh vom 1. April bis 31. Juli jeden Jahres verboten. Auf der Insel Scharhörn befindet sich mit etwa 8 000 Paaren eine der größten Seeschwalben-Brutkolonien der deutschen Nordseeküste. Durch Sandverlagerung "wandert" diese Insel jährlich um etwa 10 m nach Südosten in Richtung zur tiefen Elbrinne, so daß sie in absehbarer Zeit verschwinden wird. Um neue Brutplätze zu schaffen, begann man in ihrer Nachbarschaft im Sommer 1989, die neue Insel Nigbörn künstlich aufzuspülen.

Der Nationalpark *Niedersächsisches Wattenmeer* ist aus einem seit 1976 bestehenden geschützten Feuchtgebiet hervor-

gegangen. Auf den bewohnten Inseln Baltrum, Noderney, Borkum, Juist, Langeoog und Spiekeroog etablierte sich seit dem 19. Jh. der Kur- und Fremdenverkehrsbetrieb.

Das Wattenmeer (→Abb. 41, Bild 30) ist ein Komplex aus Schlickbänken und Platen (Sandbänken) sowie aus Baljen (Wasserläufen im Watt), Außentiefs und bis zu 30 m tiefen Seegatts zwischen den Inseln und den Prielen. Sie alle werden durch Strömungen, Brandung und Gezeiten geprägt. Letztere bewirken, daß große Teile des Wattenmeers zweimal am Tag bei Ebbe trockenfallen. Je nach der Korngröße der Bodenteilchen unterscheidet

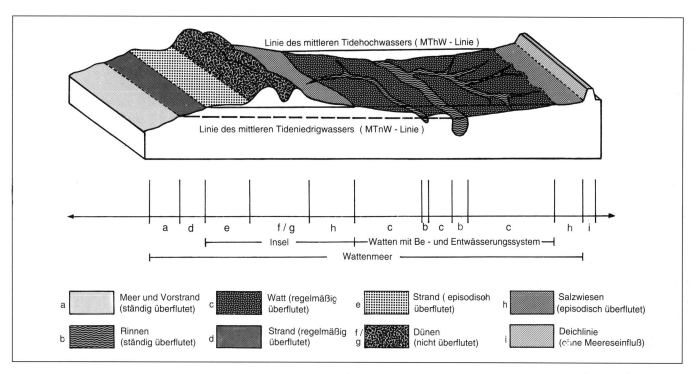

Abb. 41: Blockdiagramm des Wattenmeeres an der ostfriesischen Küste
Quelle: Der Minister ... 1990

man Sand-, Schlick- und Mischwatten. Plankton, am Boden lebende Kieselalgen und Bakterien bilden die Nahrungsgrundlage fast aller Tiere des Watts, so der zahlreichen Muscheln, Schnecken und Würmer. Einige Fischarten halten sich ständig im Watt auf; andere verbringen nur ihre Jugend hier. Neben vielen Brut- und Zugvögeln gibt es nur einige wenige Säugetierarten, so die sehr seltene Kegelrobbe und den Seehund (1988 durch eine Virusinfektion dezimiert).

In den an das offene Watt anschließenden Randzonen wachsen in den tieferen Bereichen Seegras, in den höher gelegenen Teilen Queller und Hohes Schlickgras. Diese Zone bildet den Übergangsraum zu den Salzwiesen, der Nahtstelle zwischen dem marinen, von Salzwasser beeinflußten Lebensraum über der Hochwasserlinie, und dem Festland. Hier gedeihen u. a. Strandaster und -flieder sowie Andelgras (→Abb. 41).

Wie in allen Nationalparks lassen sich im Wattenmeer drei verschiedene Schutzzonen unterscheiden. Die Ruhezone (Zone I) nimmt den größten Flächenanteil ein. Sie darf nur auf den markierten Wegen betreten bzw. beritten werden, da sie bevorzugte Brut-, Äsungs-, Rast- und Mausergebiete sowie Überwinterungs- und Übersommerungsgebiete von Vögeln, ferner Seehundbänke und Salzwiesen sind. In bestimmten Bereichen darf die gewerbliche Fischerei durchgeführt werden. Die Zwischenzone (Zone II) nimmt

ebenfalls große Flächen ein. Hier ist das Betreten – von Einschränkungen abgesehen – generell gestattet. Die Erholungszone (Zone III) beinhaltet im wesentlichen die Badestrände und Kureinrichtungen auf den Inseln.

Das Watt und die Inseln unterliegen starken Umweltbelastungen, die Konflikte und ökologische Probleme unterschiedlicher Art und räumlicher Ausdehnung nachsichziehen. Durch die vielfältigen Nutzungen und die davon ausgehenden Belastungen und Strömungen ist das Watt in vielen Bereichen in seinem Fortbestand heute bereits ernsthaft bedroht.

Zu den größten Gefährdungspotentialen gehören die Schadstoffeinträge über die Flüsse sowie durch die Nordsee. Beispielsweise kommen täglich etwa 60 Mio. m³ belastetes Süßwasser aus der Elbe in die Nordsee. Im Laufe der Zeit haben sich die Stickstoffeinträge um das Vierfache, die Phosphoreinträge um das Siebenfache der natürlichen Flußfracht erhöht. Eine Folge davon ist die massenhafte Entwicklung von Planktonalgen, deren Abbau zu Sauerstoffmangel für höhere Lebewesen führt. Als industrielle Abfallprodukte gelangen über Flüsse, die Atmosphäre und durch direkte Einleitung Schwermetalle in die Nordsee. Sie führen zu Veränderungen der Flora und Fauna und sind zunehmend Verursacher von Fischkrankheiten. Weiterhin werden in der Nordsee chlorierte Kohlenwasserstoffe nachgewiesen, die aus chemischen In-

dustriebetrieben stammen und die sich im Fettgewebe von Organismen anreichern und toxisch wirken. Aber auch Schadstoffe, die fernab des Wattenmeeres in die Nordsee eingeleitet werden, gelangen durch Strömungen in den Flachmeerbereich. Dort können sie bis zu drei Jahren verbleiben, bevor ein Austausch mit dem Nordatlantik erfolgt.

Auf Spezialschiffen werden auf hoher See Chemikalien abgefackelt, bei denen Verbrennungsrückstände anfallen. Ebenfalls auf dem Meer verklappen Schiffe der Anrainerstaaten Klärschlämme, Kraftwerksasche, Bagger- und Bergwerksabraum sowie verdünnte Schwefelsäure. Eine hohe ökologische Belastung bringt auch die Schiffahrt mit sich, da die Routen durch die südliche Nordsee zu den meistbefahrenen Wasserwegen der Welt gehören.

Unter fast allen genannten Schadstoffen leidet besonders die Tierwelt. So führten beispielsweise Verunreinigungen 1986/87 zum Austerfischersterben sowie 1988 zum Kükensterben in der Seeschwalben-Kolonie auf Scharhörn. Weitere Störungen und Belastungen des Flachmeeres ergeben sich aus den Bohrungen nach Erdgas und der Verlegung von Pipelines durch das Meer. Schließlich sei auf den Flugbetrieb und die militärischen Übungen hingewiesen, die vor allem die Vögel erheblich stören.

Die gewerbliche Nutzung der Fischbestände zeigt gegenwärtig eine rückläufige Entwicklung. Es werden im wesentlichen Sandgarnelen, Plattfische und Aale gefangen sowie Mies- und Herzmuscheln gesammelt. Ein großer Nachteil der Fangmethoden ist es, daß zahlreiche wirtschaftlich nicht verwertbare, für das Ökosystem wichtige Arten der Bodenfauna und auch Jungfische in die Netze gehen.

Großen Einfluß auf die natürlichen Verhältnisse des Watts und der Inseln nimmt seit seinem Einsetzen Anfang des 19. Jh.s der Fremdenverkehr. Um Erholungseinrichtungen zu schaffen und um die Siedlungen vor Sturmschäden zu bewahren, wurde die Küstenlinie vielerorts befestigt. Zur Verstärkung des seeseitigen Deichfußes und zur Sicherung der Wattkanten legte man Deckwerke aus Stein oder Beton an. Viele dieser Maßnahmen gingen auf Kosten der Natur. So gewinnen die bis in die Gegenwart andauernden Deichbauten Flächen dem Wattenmeer ab, führen sie der Landwirtschaft zu, verändern das Ökosystem und entziehen der Tier- und Pflanzenwelt die Lebensgrundlage.

Wenn es gelingt, in nächster Zukunft einen wirksamen Schutz des Wattenmeeres durch alle Anrainerstaaten zu organisieren und durchzuführen, dann können die bereits bestehenden Störungen des ökologischen Gleichgewichts zumindest aufgehalten, vielleicht sogar rückgängig gemacht werden. Dabei ist es notwendig, auch die Regierungen aller Staaten im Einzugsgebiet der Flüsse aufzufordern, ihre Umweltpolitik zu überdenken und zu erneuern. Vor allem müssen die Schadstoffeinträge aus Industrie, Landwirtschaft und Kommunen allmählich verringert werden.

IV. Wirtschaft und Regionalentwicklung

IV.1 Wirtschaft – Fundament für den Wohlstand

Deutschland zählt neben den USA und Japan zu den ökonomisch führenden Staaten der Erde und nimmt seit Gründung der G 7-Runde Ende der 70er Jahre am Weltwirtschaftsgipfel (wie 1992 in München) teil. Die deutsche Wirtschaft ist stark auslandsorientiert. Sie erzielt regelmäßig einen Außenhandelsüberschuß, der 1989 die Rekordmarke von gut 134 Mrd. DM erreichte.

Differenziert man den Im- und Export nach Gütergruppen (→Abb. 42), so fällt die überragende Bedeutung der Investitionsgüter – wie Straßenfahrzeuge, Maschinenbauerzeugnisse oder elektrotechnische Güter – für die positive Handelsbilanz Deutschlands auf. Gerade diese Warengruppe dokumentiert die Wettbewerbsfähigkeit der deutschen Unternehmen auf dem Weltmarkt. Doch stellen Wirtschaftsführer in regelmäßigen Abständen den Standort "Deutschland" mit den Argumenten zur Diskussion, daß deutsche Arbeitnehmer die kürzeste Wochenarbeitszeit, die meisten Urlaubstage und die höchsten Gratifikationen wie 13. oder gar 14. Monatsgehalt hätten. Hohes Einkommen bei guter Kaufkraft und relativ viel Freizeit kennzeichnen den Wohlstand der Mehrheit. Entsprechend hoch sind die Lohnnebenkosten, die jeden Arbeitsplatz erheblich verteuern. Auf je 100 DM Entgelt für geleistete Arbeit belasteten im Jahre 1991 zusätzliche Personalkosten von 83,80 DM die Unternehmen in Westdeutschland. Diesen Argumenten halten Arbeitnehmervertreter die gute Aus- und Fortbildung der Arbeitskräfte, welche für einen hohen technologischen Standard der Erzeugnisse erforderlich ist, den sozialen Frieden und die Leistungsbereitschaft der Beschäftigten entgegen.

Nicht zuletzt wegen der starken Abhängigkeit vom Außenhandel setzten sich die Bundesregierungen von Anfang an nachdrücklich für den EG-Binnenmarkt ein (→I.1): Jeweils über 50 % der Ein- und Ausfuhren bezogen auf das frühere Bundesgebiet erfolgten 1990 mit den EG-Ländern. Im Vergleich dazu lagen die USA, Kanada und auch Japan erheblich darunter.

Abbildung 43 verdeutlicht aber auch die Chancen des vereinten Deutschlands

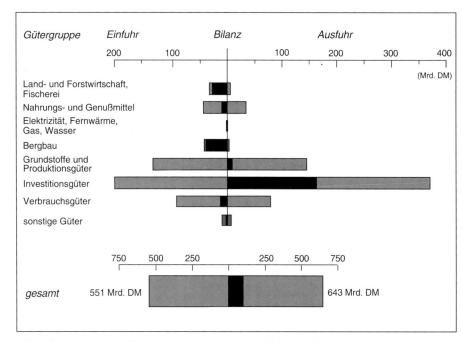

Abb. 42: Ein- und Ausfuhr nach Gütergruppen im Jahre 1990 (früheres Bundesgebiet)
Quelle: Statistisches Bundesamt 1991

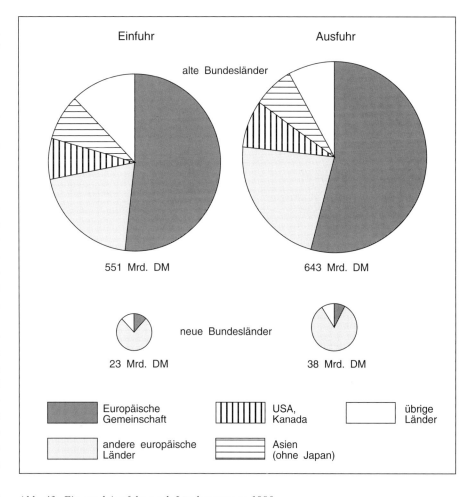

Abb. 43: Ein- und Ausfuhr nach Ländergruppen 1990
Quelle: Statistisches Bundesamt 1991

für den zukünftigen Außenhandel. Die ehemalige DDR hatte als Mitglied des RGW vor allem Handelsbeziehungen mit den Staaten Osteuropas (→I.1), auf die mehr als drei Viertel aller Im- und Exporte entfielen. Damit eröffnete sich nach der Vereinigung die Möglichkeit, zwei fast komplementäre Absatzmärkte zu integrieren, was allerdings gegenwärtig aufgrund der sozialen, ökonomischen und politischen Umwälzungen im Osten Europas noch große Fragen aufwirft.

Veränderungen der Erwerbsstruktur seit 1910

In der Verteilung der Erwerbstätigen auf die verschiedenen Wirtschaftsbereiche ist seit 1900 eine für ein westliches Industrieland typische Entwicklung festzustellen (→Abb. 44). Drei Stadien lassen sich deutlich unterscheiden:
• Zu Beginn des 20. Jh.s hatten die drei Wirtschaftsbereiche eine noch vergleichsweise ausgewogene Bedeutung. Bis 1950 änderte sich diese Verteilung durch einen nachhaltigen Rückgang der Landwirtschaft und eine entsprechend starke Zunahme des produzierenden Gewerbes.
• Bis 1970 verringerte sich der Prozentsatz des landwirtschaftlichen Sektors wiederum erheblich. Gleichzeitig erhöhte sich zwar die Zahl der Arbeitnehmer in der Industrie um ca. 3,6 Mio., und das verarbeitende Gewerbe erreichte eine führende Position. Doch muß man einschränkend bemerken, daß der Zuwachs bei den Dienstleistungen bereits stärker war.
• Gegenüber den vorangegangenen Zeitpunkten fällt für 1990 der sich fortsetzende Bedeutungsrückgang des Agrarsektors auf. Die Ursachen dafür lagen vor allem in der Vergrößerung der durchschnittlichen Betriebsfläche bei gleichzeitig fortschreitender Mechanisierung (→IV.6). Aber auch die Zahl der in der Industrie Beschäftigten verzeichnete bis 1990 absolute und relative Verluste. Dies ist u. a. auf Produktivitätssteigerungen, auf neue Anbieter auf dem Weltmarkt, auf die Sättigung bestimmter Märkte und auf den Strukturwandel im produzierenden Gewerbe zurückzuführen. Die weitaus größte Bedeutung nimmt heute der Dienstleistungssektor ein.

Seit 1973 stieg in den alten Bundesländern die Arbeitslosigkeit an. Sicherlich ist dies teils Folge der Rezession Mitte der 70er und Anfang der 80er Jahre. Im wesentlichen trugen hierzu Veränderungen der industriellen Basis bei, so daß es sich heute in hohem Maße um eine

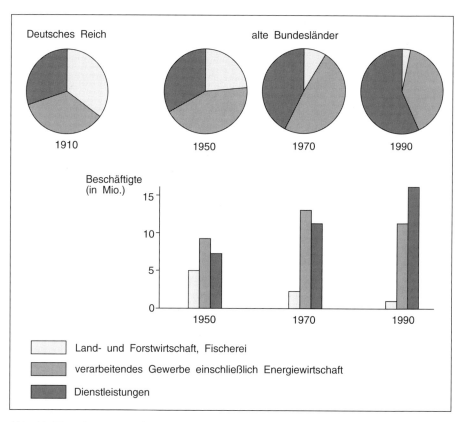

Abb. 44: Erwerbstätige nach Wirtschaftsbereichen (früheres Bundesgebiet)
Quelle: Statatistisches Bundesamt 1991

strukturbedingte Arbeitslosigkeit handelt (→IV.2, IV.3). Erst Ende der 80er Jahre ging sie zurück, und im Oktober 1991 entfielen auf 100 Beschäftigte im Mittel 6 Arbeitslose. In den neuen Bundesländern lag dieser Prozentsatz mit 12 % etwa doppelt so hoch. Zu bedenken ist bei diesen Angaben, daß im November 1991 in Ostdeutschland mehr als 2 Mio. Arbeitnehmer wegen Kurzarbeit, Vorruhestandsregelungen, Arbeitsbeschaffungsmaßnahmen, Umschulungen oder Fortbildung in der Statistik keine Berücksichtigung fanden - die Quote beträge sonst über 25 %. Weiterhin sind seit 1989 schon 400 000 Personen in die alten Länder umgezogen, und 600 000 Arbeitnehmer pendeln zu ihren Arbeitsplätzen in der früheren Bundesrepublik. Die Ursachen für diese enormen Unterschiede auf dem Arbeitsmarkt liegen in der Umstellung von der zentralen Plan- zur sozialen Marktwirtschaft, im niedrigen Produktivitätsniveau in den neuen Bundesländern, in der dort starken Überalterung von Ausrüstungen und Gebäuden, in der bisherigen Konzentration der Produktion in großen Kombinaten, in der einseitigen Orientierung des Exports (→Abb. 43), in der mangelnden Marktfähigkeit der Produkte und nicht zuletzt auch in der Doppelung von Industriekapazitäten als Folge der Teilung Deutschlands nach 1945 (→IV.5).

Regionale Wirtschaftsförderung

Hohe Arbeitslosenzahlen sind ein Indikator für Schwächen der Wirtschaftsstruktur sowie für niedrige Einkommen und somit für eher negativ zu beurteilende Lebensbedingungen im jeweiligen Gebiet. Daher stellte die Bundesregierung schon seit 1951 jährlich unmittelbare, räumlich gezielte Finanzhilfen (Investitionszuschüsse, Zinsverbilligungen usw.) zur Wirtschaftsförderung und zu Infrastrukturverbesserungen zur Verfügung. Der damit verbundene Eingriff in die Planungs- und Finanzhoheit der Länder wurde 1969 durch eine Grundgesetzänderung und -ergänzung verfassungsrechtlich abgesichert (→I.3). Artikel 91a legt fest, daß der Bund bei der Erfüllung von Länderaufgaben beteiligt ist, "wenn diese Aufgaben für die Gesamtheit bedeutsam sind und die Mitwirkung des Bundes zur Verbesserung der Lebensverhältnisse erforderlich ist (Gemeinschaftsaufgabe)". Im selben Jahr bestimmte das Gesetz über die Gemeinschaftsaufgabe "Verbesserung der regionalen Wirtschaftsstruktur" die Regionen entlang der ehemals innerdeutschen Grenze sowie zur CSFR (→I.4) und Gebiete, deren Wirtschaftskraft erheblich unter dem Bundesdurchschnitt lag oder darunter abzusinken drohte oder die vom Strukturwandel erheblich betroffen waren, als förderungs-

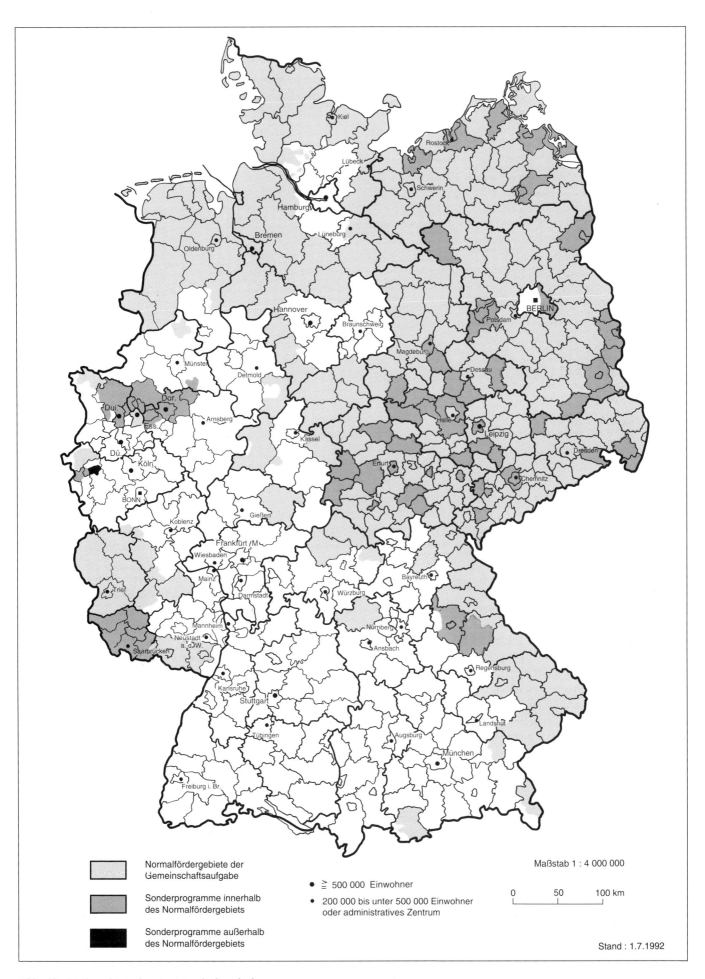

Legend:

Normalfördergebiete der Gemeinschaftsaufgabe

Sonderprogramme innerhalb des Normalfördergebiets

Sonderprogramme außerhalb des Normalfördergebiets

● ≧ 500 000 Einwohner

● 200 000 bis unter 500 000 Einwohner oder administratives Zentrum

Maßstab 1 : 4 000 000

0   50   100 km

Stand : 1.7.1992

Abb. 45: Fördergebiete der Gemeinschaftsaufgabe
Quelle: BMBau 1991a, S. 132

würdige Räume. Der erste Rahmenplan und damit erste Abgrenzungen traten 1972 in Kraft.

Die Gemeinschaftsaufgabe als bedeutendes Instrument der regionalen Strukturpolitik wurde mit dem Einigungsvertrag vom 31. August 1990 auf die neuen Länder übergeleitet. In der ersten Jahreshälfte 1991 legte der Bund-Länder-Planungsausschuß im 20. Rahmenplan eine neue großräumige Prioritätensetzung in der regionalen Wirtschaftsförderung fest (→Abb. 45). Auf der einen Seite wurden in den alten Ländern die Fördergebiete reduziert und die Förderhöchstsätze herabgesetzt. Auf der anderen Seite sind alle neuen Länder flächendeckend in die Gemeinschaftsaufgabe mit der Möglich-keit einbezogen, räumliche Schwerpunkte zu setzen (→I.3). Zusammen mit Investitionszulagen und Sonderabschreibungen wird z. B. wirtschaftsnahe Infrastruktur bis zu 90 % finanziell unterstützt. Zu erwähnen sind außerdem Mittel aus den EG-Regionalfonds sowie aus dem Gemeinschaftswerk Aufschwung-Ost. Insgesamt stehen im Jahre 1992 aus diesen Programmen für die Wirtschaftsförderung ca. 5 Mrd. DM in den neuen Bundesländern zur Verfügung. Diese Finanzmittel sind als Vorleistung für gewerbliche Ansiedlungen unabdingbar (→V.2). Die Investitionszulagen und Abschreibungsmöglichkeiten begünstigen jedoch vor allem Sachanlagen und weniger die Schaffung neuer Arbeitsplätze. Damit besteht aber auch gleichzeitig die Gefahr, daß einerseits hochproduktive Festigungsanlagen mit geringer Beschäftigtenzahl entstehen (→IV.5), andererseits noch nicht privatisierte Betriebe mit unzureichender Wettbewerbsfähigkeit hinsichtlich Produktsortiment und Herstellungsverfahren weiter existieren.

Hinter allen Maßnahmen zur regionalen Wirtschaftsförderung steht die Absicht, in allen Teilräumen Deutschlands der Bevölkerung ein ausreichendes Einkommen zu sichern. Sie entsprechen damit dem Grundgedanken der sozialen Marktwirtschaft. Dies erscheint aber langfristig nur gewährleistet, wenn sich der Standort "Deutschland" auch in Zukunft auf dem Weltmarkt behaupten kann.

IV.2 Arbeitsmarkt und Beschäftigung: Süd-Nord-Gefälle in den alten Bundesländern

Die Wirtschafts-, Währungs- und Sozialunion seit dem 1. Juli 1990 sowie die anschließende Vereinigung am 3. Oktober desselben Jahres führten dazu, daß die regionalen Disparitäten innerhalb Deutschlands eine vollkommen neue Beurteilung erfordern. Gegenwärtig sprechen Politiker, Medien und Wissenschaftler nur noch von den gravierenden Unterschieden der Lebensbedingungen zwischen alten und neuen Bundesländern. Vergessen scheint, daß vor 1990 bei öffentlichen Diskussionen zum Thema der Beschäftigungs- und Arbeitsmarktentwicklung in der früheren Bundesrepublik stets das Schlagwort vom "Süd-Nord-Gefälle" fiel. Vereinfachend stellte man dabei das unterdurchschnittliche Wirtschaftswachstum, die überproportionale Zunahme der Arbeitslosigkeit sowie die Wanderungsverluste in den vier Küstenländern im Norden des alten Bundesgebietes (Bremen, Hamburg, Niedersachsen, Schleswig-Holstein) und insbesondere in Nordrhein-Westfalen den entsprechend positiv zu wertenden Veränderungen in Südhessen, Baden-Württemberg sowie Bayern im Süden gegenüber. Diese unterschiedliche Dynamik beschleunigte sich nach der zweiten Ölpreiserhöhung Ende der 70er Jahre und hielt bis heute an.

Arbeitsmarkt- und Beschäftigungsentwicklung in den alten Ländern
Ein Indikator, der auf unterschiedliche Lebensbedingungen in den einzelnen Teilgebieten hinweist, ist die Arbeitslo-senquote zur Messung der Unterbeschäftigung. Überdurchschnittlich hohe Werte in einer Region betonen niedrigere Einkommen und damit i. a. eher schlechtere Lebensverhältnisse als im früheren Bundesgebiet insgesamt.

Die regionale Verteilung der Arbeitslosenquote im Durchschnitt der Jahre 1987 bis 1990 offenbart ein ausgeprägtes Süd-Nord-Gefälle (→Abb. 46). Abgesehen von den Regionen im Grenzraum zur CSFR liegt die Arbeitslosigkeit in Bayern, Baden-Württemberg sowie im südlichen Hessen erheblich unter dem Wert für das frühere Bundesgebiet (in Abb. 46 mit 100 gleichgesetzt). Vor allem in den Arbeitsmarktregionen von Baden-Württemberg finden sich die niedrigsten Quoten von weniger als 4 %. Dagegen übertrifft die Arbeitslosigkeit in Nordrhein-Westfalen sowie in den vier Küstenländern Bremen, Hamburg, Niedersachsen und Schleswig-Holstein den Durchschnitt um mindestens 10 %. Vor allem die ländlichen Gebiete im westlichen Niedersachsen weisen die höchste Unterbeschäftigung von 14 % bis 15 % auf. Aber auch das Ruhrgebiet mit den krisenanfälligen Wirtschaftsbereichen Bergbau und Stahl (→IV.3) verzeichnet ähnlich wie das Saarland und die Verdichtungsräume von Hamburg, Bremen und Hannover eine überproportionale Arbeitslosigkeit zwischen 11 % und 13 %, während sie in den Agglomerationen im Süden wie Frankfurt/Main, Mannheim, Stuttgart, Nürnberg oder München zwischen 3,7 % und 6,5 % schwankt. Diese großräumigen Unterschiede zwischen Nord und Süd im früheren Bundesgebiet betreffen nicht nur die verdichteten, sondern auch die ländlich geprägten Regionen. Insgesamt gewinnt man den Eindruck, daß sich das Süd-Nord-Gefälle Ende der 80er Jahre noch verstärkt hat und sich dieser Gegensatz unabhängig von der Siedlungsstruktur bemerkbar macht. Diese Tendenz drückt sich auch im Häufigkeitsdiagramm aus. Die Zahl der Arbeitsmarktregionen mit einer durchschnittlichen Arbeitslosigkeit tritt deutlich hinter jene Zahl von Räumen mit über- bzw. unterproportionalen Beschäftigungsproblemen zurück (→Abb. 46).

Interessanterweise zeigt eine Prognose zur Arbeitsplatzentwicklung für 1987 bis 1995 tendenziell ebenfalls ein Süd-Nord-Gefälle. Fast alle Regionen in Bayern sowie in Baden-Württemberg verzeichnen im Vergleich zum früheren Bundesgebiet insgesamt eine günstige Entwicklung. Für die übrigen alten Bundesländer ist ein überproportionaler Anstieg von mindestens 5 % nur in wenigen Arbeitsmarktregionen zu erwarten. Besonders auffallend ist die Tatsache, daß dieser Trend für Gebiete außerhalb der großen Verdichtungsräume geschätzt wird wie z. B. für Paderborn östlich von Dortmund, für das Alpenvorland sowie für die ländlichen Räume zwischen den Agglomerationen Stuttgart, Nürnberg und München. Diese Verteilung weist auf eine anhaltende Dekonzentration insbesondere von industriellen Arbeitsplätzen hin,

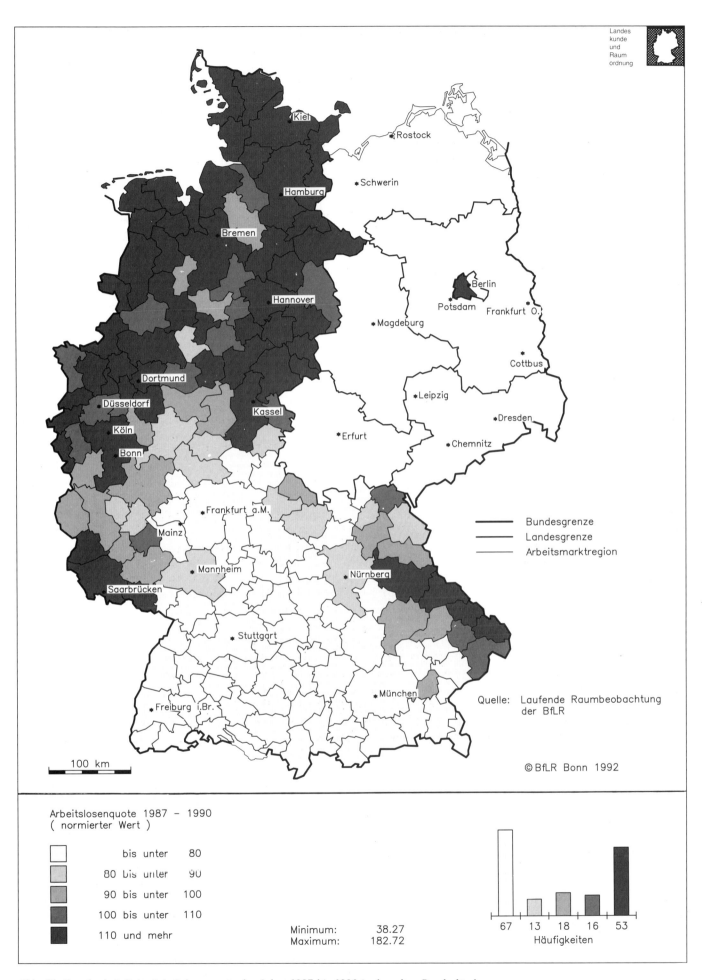

Landes
kunde
und
Raum
ordnung

Bundesgrenze
Landesgrenze
Arbeitsmarktregion

Quelle: Laufende Raumbeobachtung
der BfLR

© BfLR Bonn 1992

100 km

Arbeitslosenquote 1987 – 1990
(normierter Wert)

bis unter   80
80 bis unter   90
90 bis unter 100
100 bis unter 110
110 und mehr

Minimum: 38.27
Maximum: 182.72

67 13 18 16 53
Häufigkeiten

Abb. 46: Durchschnittliche Arbeitslosenquote der Jahre 1987 bis 1990 in den alten Bundesländern
Quelle: ZARTH 1991, S. 545

59

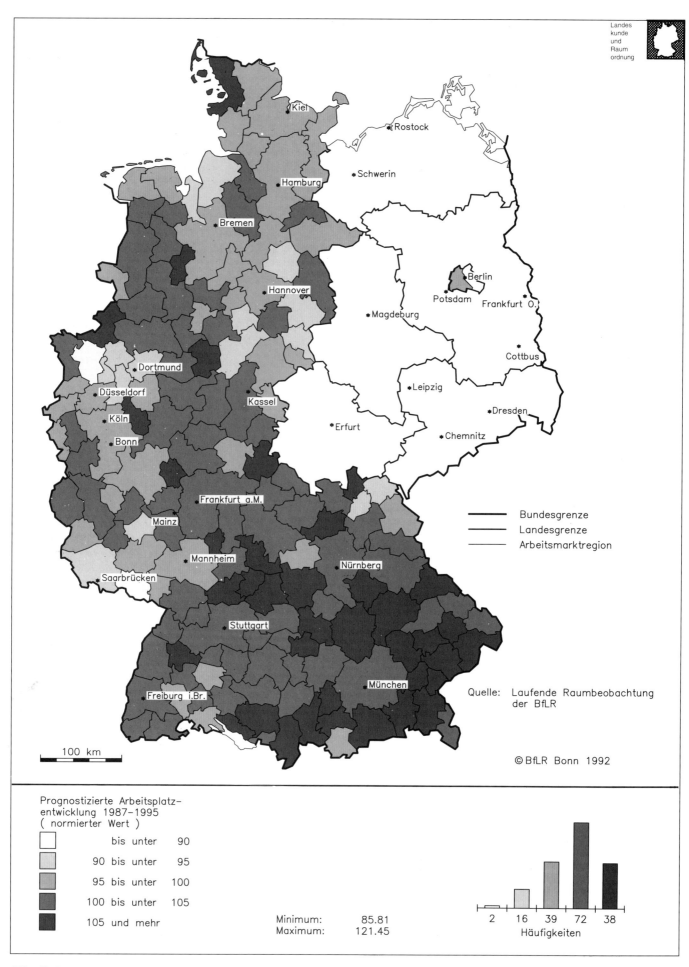

Landes
kunde
und
Raum
ordnung

Kiel

Rostock

Schwerin

Hamburg

Bremen

Berlin

Hannover

Potsdam

Frankfurt O.

Magdeburg

Dortmund

Cottbus

Düsseldorf

Kassel

Köln

Leipzig

Bonn

Dresden

Erfurt

Chemnitz

Frankfurt a.M.

Mainz

Mannheim

Nürnberg

Saarbrücken

——— Bundesgrenze
——— Landesgrenze
——— Arbeitsmarktregion

Stuttgart

München

Quelle: Laufende Raumbeobachtung
der BfLR

Freiburg i.Br.

100 km

© BfLR Bonn 1992

Prognostizierte Arbeitsplatzentwicklung 1987–1995
(normierter Wert)

☐	bis unter 90
☐	90 bis unter 95
☐	95 bis unter 100
☐	100 bis unter 105
☐	105 und mehr

Minimum: 85.81
Maximum: 121.45

2   16   39   72   38
Häufigkeiten

Abb. 47: Prognostizierte Arbeitsplatzentwicklung 1987 bis 1995 in den alten Bundesländern
Quelle: ZARTH 1991, S. 547

60

Kleine Geographie von Deutschland

beispielsweise aufgrund hoher Bodenpreise sowie geringer Flächenverfügbarkeit in den großen Verdichtungsräumen. Aber auch die gute Verkehrserschließung begünstigt die Verlegung zahlreicher Betriebe in den ländlichen Raum (→V.1). Eine besonders schlechte Entwicklung erwartet man im altindustrialisierten Ruhrgebiet (→IV.3), ein Zeichen für den sich fortsetzenden Strukturwandel.

Die aufgezeigten regionalen Unterschiede bei der Arbeitsmarkt- und Beschäftigtenentwicklung existieren im früheren Bundesgebiet auch heute noch, obwohl der Bevölkerungswegzug aus dem Norden und vor allem aus Nordrhein-Westfalen dort die Arbeitsplatznachfrage verringerte. Ohne diese Wanderungsbewegungen wären die Gegensätze noch stärker ausgeprägt.

Nach der Vereinigung im Oktober 1990 haben sich die Rahmenbedingungen für die prognostizierte Arbeitsplatzentwicklung nachhaltig verändert. Zum einen erreichte im März 1992 die Arbeitslosigkeit in zwei Dritteln der Arbeitsamtbezirke in den neuen Bundesländern außerordentlich hohe Werte von über 15 % (→IV.5), zum andern hat sich die Situation einiger westdeutscher Regionen entscheidend verbessert. Vor allem Hamburg profitierte von der Vereinigung sowie von den politischen und ökonomischen Umwälzungen in den ehemaligen RGW-Staaten. Denn schon gewinnt die Hansestadt mit ihrem Nordseehafen ihr altes Einzugsgebiet zurück, und aufgrund der davon ausgehenden wirtschaftlichen Impulse bezeichnet man sie teilweise als "Boomtown".

Ursachen für das Süd-Nord-Gefälle in den alten Bundesländern

Zur Erklärung des Süd-Nord-Gefälles werden immer wieder folgende Faktoren genannt:

• *Änderung der weltwirtschaftlichen Rahmenbedingungen*
Der Anstieg der Ölpreise sowie die Aufgabe fester Wechselkurse, verbunden mit einer Aufwertung der D-Mark, in den 70er Jahren, das Auftreten neuer Anbieter auf dem Weltmarkt, insbesondere in der Stahlindustrie und im Schiffbau, sowie die rasche Entwicklung und Ausbreitung neuer Technologien verschärften den internationalen Konkurrenzdruck auf die deutsche Wirtschaft.

• *Strukturelle Anpassungsprozesse*
Die Unternehmen reagierten u. a. mit Produktinnovationen, neuen Herstellungsverfahren, Organisationsformen und Werkstoffen auf den sich intensivierenden Wettbewerb. Diese Strategie bewirkte bei den Betrieben mit einem bedeutenden Anteil ausgereifter Massengüter wie in der Stahlindustrie eine verstärkte Ausschöpfung des Rationalisierungspotentials. Damit verbunden waren Produktivitätssteigerungen und Beschäftigungsrückgang (→IV.3). Die besonders betroffenen Unternehmen konzentrieren sich vor allem in altindustrialisierten Regionen sowie in den Küstenländern. In Bayern oder Baden-Württemberg kommt dagegen die Bedeutung der Entwicklung neuer Produkte und Verfahren im überproportionalen Anteil der hochqualifiziert Beschäftigten zum Ausdruck. Dadurch besteht dort eine geringere Abhängigkeit der Industrie von Rationalisierungsmaßnahmen und konjunkturellen Zyklen.

• *Historisch-politische Veränderungen*
Im vorigen Jahrhundert bildete sich im heutigen Ruhrgebiet die stark rohstoffabhängige Montanindustrie heraus (→IV.3). Die Standortvorteile schwächten sich jedoch in dem Maße ab, wie sich Transportkosten und Rohstoffbindungen aufgrund technischer Neuerungen verringerten und somit revierferne Räume an Bedeutung gewannen. Gleichzeitig verhinderten die hohe Ausschöpfung des Arbeitsmarktes und die Auslastung der Infrastruktur die Ansiedlung junger innovativer Betriebe. In dieser Hinsicht war Süddeutschland zunehmend begünstigt. Nach dem Zweiten Weltkrieg verstärkte sich diese Tendenz noch wegen der Verlegung vieler Unternehmen aus Berlin und den ehemaligen deutschen Ostgebieten in die damalige amerikanische Besatzungszone (→I.2). Der Münchener Raum profitierte seit Mitte der 50er Jahre zudem von der Ansiedlung der Elektronik-, Luft- und Raumfahrtindustrie und von der gezielten Förderung forschungsintensiver Wirtschaftsbereiche. Diese beschleunigten schon früh den Strukturwandel. Dagegen wurden in Nordrhein-Westfalen aus sozialpolitischen Gründen Finanzmittel häufig so eingesetzt, daß sie letzlich bestehende Strukturen konserviert haben.

• *Neue Standortanforderungen*
Expandierende Industrien, wie z. B. die der Elektronik oder der Luft- und Raumfahrt, sind relativ frei in ihrer Standortwahl und unabhängig von Rohstoffvorkommen, so daß die Ausbildung der Arbeitskräfte, die überregionale Verkehrsverbindung, die technische Infrastruktur und insbesondere die "weichen" Standortfaktoren wie Wohn- und Freizeitwert, die landschaftliche Attraktivität und das kulturelle Angebot heute sehr stark ins Gewicht fallen. Auch hiervon profitierte der süddeutsche Raum nicht zuletzt wegen seiner Nähe zu den Alpen und zu den Märkten der übrigen EG-Mitgliedsländer. Dagegen hat gerade die europäische Integration den Norden wirtschaftsgeographisch bisher in eine eher randliche Lage gedrängt.

Die politische und ökonomische Entwicklung wird in den 90er Jahren sicherlich räumliche Verschiebungen mit sich bringen. Die Vereinigung Deutschlands begünstigt u. a. Hamburg. Zudem profitiert die Hansestadt von den anstehenden EG-Erweiterungen in Nordeuropa. Aber auch neue Standorte bilden sich. Berlin oder Leipzig beispielsweise werden nach Ausbau der Infrastruktur mit westdeutschen Regionen konkurrieren. Erste Anzeichen dafür gibt es schon. Die neuen Fabriken in Ostdeutschland werden mit modernster Produktionstechnologie ausgestattet und stellen die gleichen Erzeugnisse kostengünstiger als Betriebe im Westen her. Allerdings muß man wohl im Hinblick auf eine zukünftige Entwicklung beachten, daß sich der Firmensitz aller großen Unternehmen Deutschlands im früheren Bundesgebiet befindet. Es ist daher nicht auszuschließen, daß sich die neuen Länder zu einer "Werkbank" des Westens entwickeln.

IV.3 Das Ruhrgebiet – ein geglückter Strukturwandel?

Das größte industrielle Ballungsgebiet Deutschlands ist das Ruhrgebiet. Es erstreckt sich zwischen den Flüssen Ruhr, Emscher und Lippe (→Abb. 48). In diesem polyzentrischen Verdichtungsraum, der üblicherweise mit dem Gebiet des Kommunalverbandes Ruhrgebiet gleichgesetzt wird, leben heute über 5 Mio. Menschen (6,5 % der Bevölkerung Deutschlands) auf einer Fläche von ca. 4 400 km².

Historische Entwicklung

Die Geschichte des Ruhrgebietes ist bis in die Gegenwart eng mit der Montanindustrie (Steinkohlenbergbau und Stahlproduktion) verbunden. Über 100 Jahre dominierten diese Sektoren, waren ein Garant für das Wirtschaftswachstum. Seit Ende der 50er Jahre vollzieht sich in dieser Region, bedingt durch die Krise von Kohle und Stahl, ein in seiner Dimension für Deutschland einzigartiger Strukturwandel (→Abb. 50, 51).

Der wirtschaftliche Aufstieg des Ruhrgebietes begann Mitte des vergangenen Jahrhunderts, als es gelang, verkokbare Fettkohle für die Verhüttung der Eisenerze zu fördern. Mit dem damit eingeleiteten Industrialisierungsprozeß entstanden gleichzeitig die für das Ruhrgebiet typischen Siedlungsformen: die Zechenkolonien. Diese wuchsen, vielfach einschließlich ihrer infrastrukturellen Erschließung von den Montanunternehmen finanziert, in unmittelbarer Nähe der Zechen und Hüttenwerke. So bestand schon früh eine Verquickung von Industrie- und Wohnanlagen (→Bild 31), die heute selbst noch in den großen Zentren der Hellwegzone, dem Kernraum des Ruhrgebietes, sichtbar ist.

Die Entwicklung des Ruhrgebietes zum größten deutschen Ballungsraum wurde

Bild 31: Kupferhütte am Rhein in Duisburg-Hochfeld
Quelle: Landesbildstelle Westfalen, Münster

in starkem Maße durch den immensen Einfluß der Konzerne, z. B. von Krupp und Thyssen, auf das politische und wirtschaftliche Geschehen in der Region geprägt. Folge davon waren eine einseitig montanindustriell geprägte Wirtschaft und eine Infrastruktur, die vorrangig auf die Belange dieser Industriezweige zugeschnitten war. Diese Strukturdefizite blieben bis in die Nachkriegszeit erhalten. Auch als nach dem Zweiten Weltkrieg eine technisch modernisierte Montanindustrie entstanden war, änderte sich daran nichts. Vielmehr wurde während des vorerst letzten Booms in den 50er Jahren – in dieser Blütezeit hatte das Revier einen Bevölkerungszuwachs von ca. 1 Mio. Menschen (→Abb. 49) – die traditionelle Wirtschaftsstruktur weiter ver-

festigt. Die Nachteile der industriellen Monostruktur im Ruhrgebiet offenbarten sich, als mit der Absatzkrise im Kohlebergbau (1958) und in verstärktem Maße mit Beginn der Stahlkrise (1974) der Schrumpfungsprozeß der Montanindustrie einsetzte. Von 1958 bis 1973 verloren allein in Bochum 40 000 Beschäftigte der ehemals 17 Zechen ihre Arbeit. Damals konnten die Bergarbeiter noch Arbeit in anderen Branchen finden. Im gesamten Ruhrgebiet wurden bis in die Gegenwart ca. 750 000 Arbeitsplätze in der Montanindustrie und den von ihr abhängigen Bereichen abgebaut (→Abb. 51; I.6). Arbeitslosigkeit von teilweise weit über 10 % und hohe Bevölkerungsverluste durch Abwanderung waren die Folge. Um sowohl den Abbau der Kapazitäten

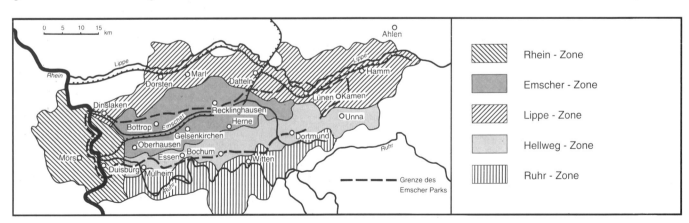

Abb. 48: Zonale Gliederung des Ruhrgebietes; Quelle: nach Westermann Schulbuchverlag 1989, S. 30; ergänzt

Kleine Geographie von Deutschland

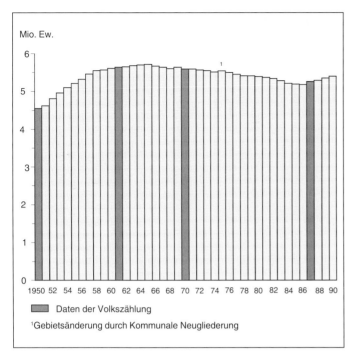

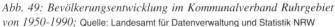

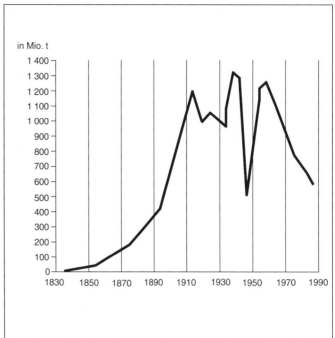

Abb. 49: Bevölkerungsentwicklung im Kommunalverband Ruhrgebiet von 1950-1990; Quelle: Landesamt für Datenverwaltung und Statistik NRW

Abb. 50: Steinkohlenförderung im Ruhrgebiet 1837-1990 Quelle: Kommunalverband Ruhrgebiet 1992

der Montanwirtschaft sozial und ökologisch abzusichern als auch neue wachstumsstarke Branchen anzusiedeln, wurden seit den 60er Jahren mehrere staatliche Förderprogramme zur Regionalentwicklung, u. a. das "Entwicklungsprogramm Ruhr" mit einem Investitionsvolumen von 25 Mrd. DM, durchgeführt. Mit diesen Modernisierungsvorhaben sollten die Weichen für die strukturelle Erneuerung des Ruhrgebietes, für den Wandel von einem traditionellen Montanrevier zu einer Industrie- und Dienstleistungsregion mit größerem Gewicht von Unternehmen aus wachstumsintensiven Branchen gestellt werden.

Strukturwandel

Heute, mehr als 30 Jahre nach der Kohlekrise, zeigen sich erste positive Anzeichen für einen solchen Prozeß. Noch Mitte der 80er Jahre sprach man vom Ruhrgebiet als sterbenden Riesen, obwohl schon seinerzeit Verbesserungen insbesondere im Bereich der Infrastrukturausstattung sichtbar waren. So entstand hier, nachdem im Jahre 1965 die Ruhr-Universität Bochum als erste Universität des Ruhrgebietes eröffnet wurde, die dichteste Hochschul- und Forschungslandschaft Europas. Mit der Entwicklung leistungsfähiger regionaler Verkehrssysteme wurde die intraregionale Mobilität bedeutend erhöht. Ein wesentlicher Teil des traditionellen Infrastrukturdefizites im Ruhrgebiet konnte durch den Ausbau leistungsfähiger Mittel- und Oberzentren verringert wer-

den. Auch die Umweltsituation (→III.2) hat sich im Ruhrgebiet erheblich verbessert. Trotzdem ist das Image des Ruhrgebietes heute oft noch negativ belastet. Teilweise wurde sogar die Fähigkeit zu einem hinreichend tiefgründigen Strukturwandel in Frage gestellt, da das Innovationsverhalten der ansässigen Unternehmen verstärkt auf die Erhaltung traditio-

neller Strukturen orientiert war, während Produktinnovationen, sieht man einmal von der Umwelttechnologie ab, von vergleichsweise geringer Bedeutung waren. Dies spiegelte sich auch im unzureichenden Angebot produktionsorientierter Dienstleistungen wider. Mit den neu entstehenden Technologiezentren und Technologieparks zur Ansiedlung von kleinen

Bild 32: Technologiezentrum Dortmund; Quelle: Kommunalverband Ruhrgebiet

63

und mittleren High-Tech-Unternehmen besteht jedoch berechtigter Optimismus, daß es im Ruhrgebiet gelingt, bestehende Defizite abzubauen (→Bild 32).

Seit Mitte der 80er Jahre ist der Dienstleistungssektor in der Beschäftigtenstruktur des Ruhrgebietes dominierend (→Abb. 51). Im Bergbau und in der eisenschaffenden Industrie blieb trotz des international führenden technologischen Standards der Abwärtstrend auf dem Arbeitsmarkt weiter bestehen. Da mit einer Änderung der Wettbewerbslage auf dem Weltmarkt vorerst nicht zu rechnen ist, stellt sich somit verstärkt die Frage nach dem Umfang der weiteren Nordwanderung des Steinkohlenbergbaus in die Lippezone, zumal man erstmals in Landschaftsräume vordringt, die für das Ruhr-

gebiet eine Ausgleichsfunktion als Naherholungsräume haben.

Zukunftsweisend für die weitere Entwicklung des Ruhrgebietes soll das bislang anspruchsvollste Strukturprogramm "Internationale Bauausstellung Emscher Park" (→Abb. 48) werden. Es zielt auf den ökologischen, wirtschaftlichen und sozialen Umbau des Emscherraumes u. a. durch die Entwicklung eines durchgehenden Emscher-Landschaftsparkes, den Erhalt von Industrieanlagen als Zeugen der Vergangenheit und die Entwicklung von Wissenschafts-, Gewerbe- und Dienstleistungsparks. Damit können Innovationsprozesse eingeleitet werden, welche den anhaltenden Strukturwandel unterstützen und die Attraktivität des Ruhrgebietes als Standort steigern sollen.

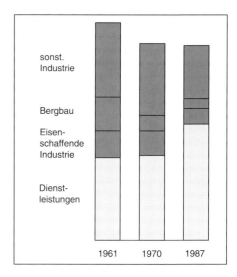

Abb. 51:Beschäftigte nach Wirtschaftsbereichen im Kommunalverband Ruhrgebiet
Quelle: Kommunalverband Ruhrgebiet 1992

IV.4 Braunkohlenbergbau verändert die Landschaft

Besonders gravierende Eingriffe bis hin zur völligen Neugestaltung großer Landschaftsteile hinterließ und hinterläßt der Braunkohlenbergbau, da der Rohstoff in Deutschland fast ausschließlich im Tagebau gewonnen wird. Lediglich in Hessen gibt es zwei Gruben, in denen man Braunkohle im Tiefbau fördert (→Abb. 52). Braunkohle gehört zu den wichtigsten Rohstoffen in Deutschland, sie ist Energieträger (→Abb. 54) und Grundstoff für die chemische Industrie.

Die Braunkohlenlagerstätten Deutschlands sind im Tertiär vor etwa 60 Mio. Jahren entstanden. Feuchtwarmes Klima erzeugte in Sumpfwäldern eine überaus üppige Vegetation. Geotektonische Vorgänge führten zu Überflutungen der Wälder, Sümpfe und Moore. Sie wurden mit Schlamm, Sand und Geröll bedeckt. Druck und Wärme sorgten für die Umwandlung von Holz zu Torf und danach zu Braunkohle ("Inkohlung"). Diese Vorgänge wiederholten sich, so daß übereinander mehrere Flöze mit unterschiedlicher Kohlequalität und Mächtigkeit von 20 m bis 200 m entstanden. In der Niederrheinischen Bucht befindet sich die Braunkohle teilweise mehr als 500 m unter der Erdoberfläche (→Abb. 53).

Die Fördermenge betrug im Jahre 1990 etwas über 350 Mio. Tonnen oder rund 40 % der Weltförderung. Davon entfie-

len zwei Drittel auf die neuen Bundesländer, vor allem auf das Niederlausitzer und Mitteldeutsche Revier, und ein Drittel auf Westdeutschland, insbesondere auf das Niederrheinische Revier zwischen Aachen und Köln (→Abb. 52).

Abbau und Eingriffe in den Naturhaushalt.
Braunkohlenbergbau gibt es in Deutschland seit dem 17. Jh. Er erfolgte zunächst punkthaft zur Versorgung von Haushalten und Handwerksbetrieben mit Brennmaterial. Zwar verstärkten Ende des 19. Jh.s die Brikettierung sowie erste Anwendungen von Tiefbautechnologien den Abbau, doch konnte man erst um 1900 mit der maschinellen Abraumbeseitigung und der vollmechanisierten Gewinnung der Braunkohle beginnen. Einen deutlichen Aufschwung nahm die Förderung

Abb. 52: Die Braunkohlevorkommen in Deutschland

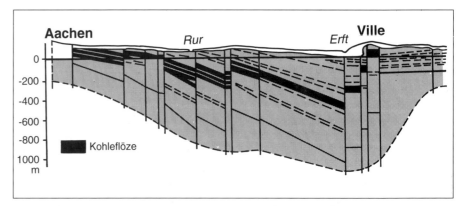

Abb. 53: Lagerung der Braunkohleflöze im Niederrheinischen Revier
Quelle: Westermann Schulbuchverlag 1991, S. 106

Bild 33: Tagebau Delitzsch: die Siedlung Werbelin verschwindet allmählich (E. Kaiser)

zwischen den beiden Weltkriegen, als es mit dem Hochdruckverfahren möglich war, Treibstoffe, Kautschuk usw. auf der Basis der Braunkohle synthetisch herzustellen. Damit war sie Ersatzrohstoff für die in Deutschland zu geringen Erdölvorkommen. Nach dem Kriege war besonders die ehemalige DDR auf sie angewiesen, da nennenswerte Steinkohlenvorräte fehlten und zunächst kaum Energieträger importiert wurden.

Die Technologie zur Gewinnung von Braunkohle im Tagebau ist im wesentlichen an allen Abbaustandorten Deutschlands gleich (→Bild 33). Der Abbau ist zwangsläufig mit großräumigen Landschaftsveränderungen verbunden, die unumkehrbare Schäden verursachen. Im Raum Halle/Leipzig ist eine Fläche von etwa 1 000 km² kohleführend, von der 290 km² bereits ausgekohlt und 140 km² im Abbau sind. Um eine Vorstellung von den zu bewegenden Erdmassen zu erhalten, sollen hier einige Zahlen genannt werden: 1960 mußte man zur Förderung von einer Tonne Kohle 2,86 m³ Abraum abtragen, im Jahre 1988 4,36 m³. Im Tagebau von Hambach bei Köln werden täglich 240 000 m³ Abraum transportiert. Gigantische Schaufelradbagger von 200 m Länge und über 60 m Höhe graben sich in die Erde ein.

Die Vorbereitungen zum Abbau, der Abbau selbst und die Rekultivierung sind Aufgaben, die sich über Jahrzehnte erstrecken. Zu nennen sind (→Abb. 55): Entwässerung mittels Brunnengalerien der hangenden Schichten, des Kohleflözes und die Entspannung des Druckwassers im Liegenden, Ableitung des anfallenden Wassers über natürliche oder künstliche Vorfluter, Umsiedlung der Dorfbevölkerung bei entsprechender finanzieller Entschädigung aller Beteiligten, Wiederherstellen land- und forstwirtschaftlicher

Flächen, Verlegung von Eisenbahnen, Straßen, Trassen, Flüssen, Bächen, Friedhöfen, Abholzung von Wäldern, Aufbau von neuen Siedlungen, Errichtung von neuen Standorten für die Industrie mit Anschlüssen an die Versorgungsnetze usw.

Die Entscheidung für eine Ortsverlagerung ist in einen umfangreichen Planungsprozeß eingebunden. Im Rheinischen Revier stellt der Bergbautreibende den Antrag auf eine Abbaugenehmigung an die Landesregierung, welche nach Anhörung der zuständigen Fachbehörden eine Entscheidung fällt. Die Genehmigung stellt für die Umsiedlung die Rechtsgrundlage dar. Die Gemeinde, bei der die Planungshoheit liegt, befragt zunächst die betroffenen Einwohner über ihre Vorstellungen und bietet ihnen Alternativen für ihren neuen Wohnstandort an. Dabei gibt es drei Bedingungen: der Umsiedlungsstandort darf nicht nochmals vom Bergbau beansprucht werden, die aufnehmende Gemeinde muß einverstanden sein und die Umsiedlung muß in das Konzept der Landesplanung passen.

Die ökologischen Eingriffe sind gravierend. Vor allem der Wasserhaushalt

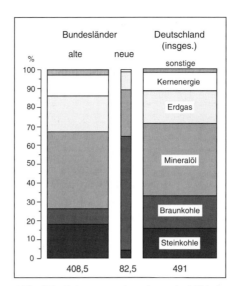

Abb. 54: Primärenergieverbrauch 1991 in Mio. Tonnen Steinkohleeinheiten (geschätzt)
Quelle: Bundeszentrale f. polit. Bildung 1992, S. 20

wird in den Abbaugebieten völlig verändert. Es entstehen riesige Absenkungstrichter, die nicht nur die Umgebung der Tagebaue beeinflussen. Ihre Auffüllung dauert auch nach der Schließung noch Jahrzehnte. Im weiten Umfeld kommt es infolge der Austrocknung zu einer Minderung der Bodengüte und sogar zu einer Gefährdung der Trinkwasserversorgung.

Südlich von Leipzig siedelte man seit Beginn des Braunkohlenbergbaues 20 000 Einwohner aus 30 Orten und Ortsteilen um. Hier entstanden keine neuen Dörfer, da man den Betroffenen häufig eine Wohnung in den Großwohnsiedlungen zuwies.

Verwendung und Luftbelastung

Die Braunkohle ist nach wie vor ein wichtiger Energieträger in Deutschland (→Abb. 54). 17 % des Primärenergieverbrauchs entfielen 1991 auf diesen Rohstoff, der damit nach dem Mineralöl die zweite Position knapp vor dem Erdgas und der Steinkohle einnahm. Aber hinter dieser Zahl für das vereinte Deutschland verbirgt sich eine völlig unterschiedliche regionale Bedeutung der Braunkohle beim Primärenergieverbrauch: gut 60 % in den neuen, weniger als 10 % in den alten Bundesländern (→Abb. 54).

Braunkohle dient neben der Elektrizitätserzeugung in den neuen Bundesländern auch als Hausbrand (in zwei Dritteln der über sieben Millionen Wohnungen). Dazu wird die Braunkohle zunächst getrocknet (bis 15 % Wassergehalt) und dann in Stahlpressen zu Briketts geformt. Neben den Kraftwerken und Brikettfabriken sind auch chemische Werke zu erwähnen, die aus der Braunkohle z. B. Synthesegas, Treibstoffe und Erzeugnisse wie Teer, Öle, Pech und Schwefel herstellen.

Das Hauptproblem im Gebiet der ehemaligen DDR ist in den weitgehend fehlenden Emissionsschutzmaßnahmen zu suchen. So gab es 1990 in den neuen Ländern kein einziges Heiz- oder Stromkraftwerk, das westdeutschen Umweltvorschriften genügt hätte. Rund 270 Großfeuerungsanlagen im Energiebereich wurden völlig ohne Entschwefelungs-, Entstickungs- oder Entstaubungsanlagen betrieben. 50 % waren älter als 20 Jahre mit Wirkungsgraden von ca. 60 % (alte Bundesländer 73 %). Entsprechend hoch ist die Luftbelastung. 1989 stieß das Kraftwerk Thierbach südlich von Leipzig etwa 170 000 t SO_2-Emissionen aus, im Raum Halle/Leipzig waren es über 500 000 t. NO_x-Emissionen von 11 000 t und CO_2-Emissionen von 6 Mio. t vervollständigen das negative Bild. Staubemissionen von 48 t/km² belasten zusätzlich die Luft (im Raum Potsdam 120 km nördlich sind es nur 5 t/km²). Die Immissionsbelastung der Menschen im Raum Leipzig wird als "stark belastet" eingestuft (→III.2). Die Folgen sind überdurchschnittlich viele

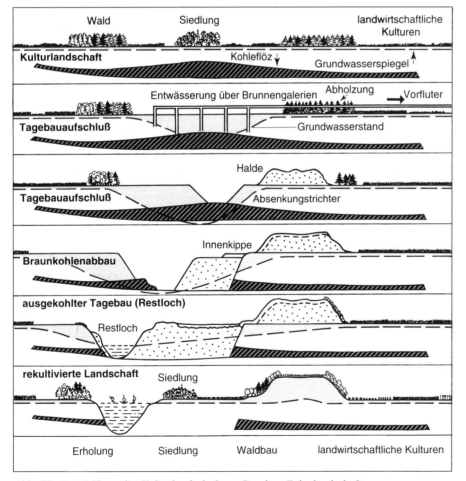

Abb. 55: Entwicklung der Kulturlandschaft zur Bergbau-Folgelandschaft
Quelle: Westermann Schulbuchverlag 1991, S. 108

Atemwegserkrankungen und Ekzeme bei den Menschen.

Rekultivierungsmaßnahmen

Nach der Auskohlung kann mit der Rekultivierung (→Abb. 55) begonnen werden. Zunächst füllt man die Löcher des Tagebaues mit Abraum aus anderen Aufschlüssen. Bei der "forstwirtschaftlichen Rekultivierung" trägt man als oberste Schicht ein etwa 4 m mächtiges Gemisch aus Sand, Kies und Löß auf. Die Bepflanzung des aufgeschütteten Bodens beginnt mit speziell für diese Zwecke geeigneten Pflanzenarten. Bei der "landwirtschaftli-chen Rekultivierung" erfolgt eine Aufschüttung von 2 m Löß oder von einem Gemisch aus Mutterboden und Sand. Über Jahre hinweg bereitet man die landwirtschaftliche Nutzung mit dem Anbau von geeigneten Pionierpflanzen und verschiedenen Bodenbearbeitungsmaßnahmen vor. Im Rheinischen Revier übergibt die Verwaltung die Flächen nach etwa sieben Jahren an die Landwirte, die dann nicht mehr in geschlossenen Ortschaften, sondern in Weilern von sechs bis zehn Höfen leben. In manchen ehemaligen Braunkohlenabbaugebieten legt man auch Erholungsflächen mit zahlreichen Seen an, denn die Restlöcher, die eine Tiefe von bis zu 300 m erreichen können, füllen sich nach einigen Jahren mit Grundwasser. Nach vorbereitender Abdichtung und Abflachung der Steilhänge sind beispielsweise südlich der Autobahn Köln-Koblenz auf diese Weise über 40 Seen zum Baden, Segeln oder Surfen entstanden. Der Naturpark Kottenforst-Ville ist ein bedeutendes Naherholungsgebiet für den Verdichtungsraum Köln-Bonn geworden. Im Niederlausitzer Braunkohlenrevier entstand mit der "Lausitzer Seenplatte" eine Wasserfläche von über 1 000 ha.

IV.5 Industrieller Wandel in den neuen Bundesländern

Nach 1945 unterstand das Gebiet der ehemaligen DDR der sowjetischen Besatzungsmacht (→I.1). Die Grenzziehung mitten durch Deutschland unterbrach die vielfältigen und intensiven Verflechtungen zwischen den einzelnen Wirtschaftsräumen. So fehlten der 1949 gegründeten DDR für den Wiederaufbau wichtige Rohstoffe sowie Vorprodukte. Sie verfügte lediglich über etwa 3 % der Steinkohlenproduktion, etwa 2 % der Roheisen- und ca. 8 % der Rohstahlerzeugung Deutschlands im Jahre 1936. Die Energieerzeugung wurde auf die einheimische Braunkohle ausgerichtet, was langfristig zu erheblichen Umweltschäden führte (→IV.4). Erdölimporte aus der ehemaligen UdSSR wurden nur begrenzt in der chemischen Industrie eingesetzt, Erdgas so gut wie gar nicht. Noch gravierender wirkten sich die Reparationsleistungen in Form von Beschlagnahmung und Demontagen aus. Eine ganz besondere Rolle spielten dabei die 198 SAG-Betriebe (Sowjetische Aktiengesellschaft), deutsche Unternehmen, die 1946 in sowjetischen Besitz übergingen. Bis Anfang Januar 1954 kaufte die ehemalige DDR diese wieder zurück. Eine Sonderstellung nahm die SDAG Wismut (Sowjetisch-Deutsche Aktiengesellschaft) ein, welche Uranerze besonders bei Aue, Ronneburg und Johanngeorgenstadt ausbeutete. Die SDAG wurde nach der Wiedervereinigung aufgelöst.

Die umfangreichen Reparationen und die fehlenden Kapitalströme von außen erschwerten den Wiederaufbau in der ehemaligen DDR. Hinzu kamen die Einführung des sozialistischen Gesellschaftssystems, das private Unternehmen in volkseigenes oder genossenschaftliches Eigentum überführte, die Umstellung auf die zentrale Planwirtschaft und die einseitige Orientierung auf den Handel mit den übrigen RGW-Staaten (→IV.1). Damit eng verbunden war der Aufbau neuer Industriekapazitäten in der ehemaligen DDR (z. B. Stahlindustrie, Werften).

Strukturelle Gegebenheiten

Trotz aller statistischer Probleme im Hinblick auf die Vergleichbarkeit der Datenbasis weist die sektorale Gliederung der Wirtschaft in den alten und neuen Bundesländern (→Abb. 56) große Unterschiede auf. Auffallend ist insbesondere das Gewicht des primären und sekundären Sektors in Ostdeutschland, während der tertiäre Bereich mit seiner äußerst geringen Bedeutung von Banken, Versicherungen und privaten Dienstleistungen deutlich abfällt.

Bei einer regionalen Differenzierung der Wirtschaftsstruktur ist in den neuen Ländern ein außerordentliches Süd-Nord-Gefälle des Industriebesatzes zu erkennen. Während südlich einer Linie Magdeburg-Frankfurt/Oder die Mehrzahl der Beschäftigten im produzierenden Gewerbe tätig ist, spielten nördlich von Berlin die Land- und Forstwirtschaft sowie der Dienstleistungsbereich eine übergeordnete Rolle. Der industrielle Ausbau zu Zeiten der DDR verschärfte noch dieses schon vor 1945 vorliegende räumliche Muster, weil er sich an den Rohstoffvorkommen und deren Verteilung sowie an vorhandenen Industriestandorten orientierte. Nur in den ersten Jahren der ehe-

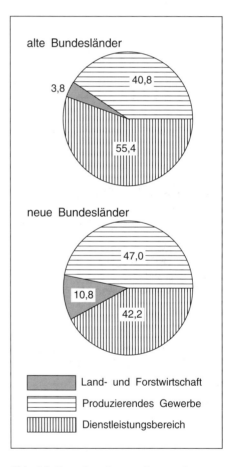

Abb. 56: Erwerbstätigenstruktur nach Wirtschaftssektoren 1989 (in %)
Quelle: BMBau 1991a, S. 44

maligen DDR bildeten die Errichtung und der Ausbau der Werften entlang der Ostseeküste ein gewisses Gegengewicht zum Süden. Allerdings entstand damit eine sich heute für die Region im Norden negativ auswirkende einseitige Industriestruktur. Die wirtschaftlichen Kernräume befinden sich in den Bundesländern

Sachsen, Sachsen-Anhalt und Thüringen mit z. T. ausgeprägter regionaler Monostruktur wie z. B. die Chemie im Raum Halle - Leipzig - Bitterfeld (→Bild 34), die Textilindustrie in der Oberlausitz oder der Kupferbergbau einschließlich der Verhüttung im Mansfelder Land.

Gegenwärtige Probleme

Nach Jahrzehnten weitgehend abgeschotteter und hoch subventionierter Produktion waren die Unternehmen in Ostdeutschland nach der Währungsunion am 1. Juli 1990 dem internationalen Wettbewerb ausgesetzt und verloren mangels Erfahrung an Management sowie Vermarktungsstrategien, wegen niedriger Produktivität und unflexibler großer Wirtschaftseinheiten ihre angestammten Märkte. Über Nacht waren in der ehemaligen DDR kaum noch Produkte abzusetzen, und gegenüber den wichtigsten Ausfuhrländern wurde die eigene Währung um dreihundert Prozent aufgewertet. Folge war ein Rückgang der Exporte aus den neuen Bundesländern in die früheren RGW-Staaten um ca. 60 % im Jahr 1991 und um weitere 30 % im ersten Quartal 1992. Entsprechend gravierend fiel der Einbruch beim Verarbeitenden Gewerbe aus (→Abb. 57). Mit Recht kann heute von der Deindustrialisierung ganzer Regionen gesprochen werden. Erschwerend für den Aufbau neuer Wirtschaftsstrukturen kamen und kommen noch hinzu unklare Eigentumsverhältnisse, Rechtsunsicherheit, eine mit den neuen Gegebenheiten unerfahren arbeitende Verwaltung, unzureichende wirtschaftsnahe Infrastruktur (→V.2), ein hohes Ausmaß

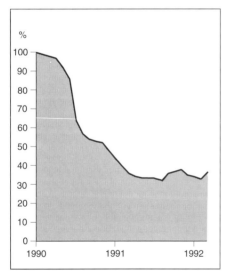

Abb. 57: Index der Nettoproduktion für das Verarbeitende Gewerbe in den neuen Bundesländern (Jan. 1990=100)
Quelle: Dohnanyi 1992, S. 12

Bild 34: Industrielandschaft bei Böhlen südlich von Leipzig (E. Kaiser)

von Ressourcenverschwendung und Umweltverschmutzung, Fehlen geeigneter Gewerbeflächen sowie Altlasten, deren Sanierung mit hohen Kosten verbunden ist.

Diese Anpassungsschwierigkeiten äußern sich in einem markanten heute noch nicht abgeschlossenen Anstieg der Arbeitslosigkeit. Zwischen September 1990 und August 1991 kristallisierten sich zwei Kategorien von Regionen heraus, die vom Strukturwandel besonders hart betroffen waren (→Abb. 58):

• *ländliche Gebiete* mit sehr niedriger Bevölkerungs- und Siedlungsdichte und großer Bedeutung der Landwirtschaft auf dem Arbeitsmarkt (Mecklenburg-Vorpommern, nördliches Brandenburg und Sachsen-Anhalt) sowie

• *industriell monostrukturierte Regionen*, in denen die bisher beherrschenden Branchen entweder stillgelegt oder die Beschäftigtenzahlen stark reduziert wurden (z. B. Schiffbau in Rostock, Kupferbergbau und Verhüttung im Mansfelder Raum).

Zur vergleichsweise günstigen Entwicklung der Arbeitslosigkeit in einigen südlichen Teilräumen der ehemaligen DDR trugen wesentlich die Abwanderungen sowie die Pendlerströme in die alten Bundesländer bei. Der Anteil junger und höher qualifizierter Arbeitskräfte ist relativ hoch und zeigt auf die Gefahren langfristig struktureller Probleme auf dem

Arbeitsmarkt hin. Es wird mit Facharbeitermangel gerechnet.

Entscheidend für die Zukunft sind private Investoren. Eine Schlüsselstellung nimmt hierbei die Treuhandanstalt ein, die 1990 die ehemaligen volkseigenen Betriebe mit dem Auftrag zu deren Sanierung und Privatisierung übernahm. Von Juli 1990 bis Mai 1992 hat die "Treuhand" für weit über 7000 Betriebe oder Teile davon Käufer gefunden und damit über die Hälfte ihrer übernommenen Unternehmen privatisiert. Gleichzeitig gelang es ihr, Zusagen für Investitionen von über 100 Mrd. DM und für rund 1,2 Mio. Beschäftigte zu erreichen. Eine Garantie auf Dauer zu geben, ist jedoch nicht möglich, denn nach dem Verkauf entfallen Subventionen, die Betriebe müssen sich mit eigenen Konzepten und Strategien dem Wettbewerb stellen. Oftmals erfolgt dieser Übergang zu schnell ohne ausreichende Hilfestellung. In diesem Zusammenhang häuft sich gegenwärtig Kritik an der Treuhandanstalt. Wirtschaftswissenschaftler werfen ihr vor, daß im wesentlichen eine passive Sanierung mit strukturkonservierender Wirkung erfolgt. Dies beinhaltet Beschäftigungsabbau, Produktionsstillegungen, Ausgliederung von Betriebsteilen oder Einsparungen bei Forschungs- und Entwicklungskapazitäten. Sozialpläne, Liquiditätskredite und Streichen von Alt-

Kleine Geographie von Deutschland

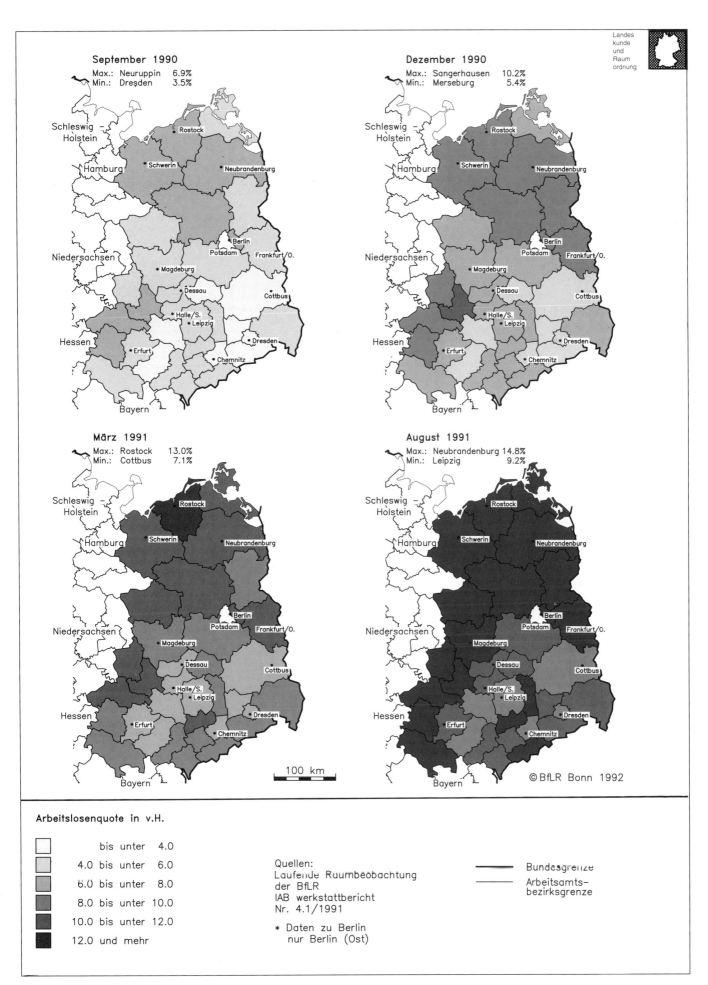

September 1990
Max.: Neuruppin 6.9%
Min.: Dresden 3.5%

Dezember 1990
Max.: Sangerhausen 10.2%
Min.: Merseburg 5.4%

März 1991
Max.: Rostock 13.0%
Min.: Cottbus 7.1%

August 1991
Max.: Neubrandenburg 14.8%
Min.: Leipzig 9.2%

100 km

© BfLR Bonn 1992

Arbeitslosenquote in v.H.

☐	bis unter 4.0
☐	4.0 bis unter 6.0
☐	6.0 bis unter 8.0
☐	8.0 bis unter 10.0
☐	10.0 bis unter 12.0
☐	12.0 und mehr

Quellen:
Laufende Raumbeobachtung
der BfLR
IAB werkstattbericht
Nr. 4.1/1991

* Daten zu Berlin
  nur Berlin (Ost)

————— Bundesgrenze

————— Arbeitsamts-
bezirksgrenze

Abb. 58: Arbeitslosenquote in den neuen Ländern
Quelle: GÖRMAR et al. 1991, S. 2

schulden sichern diese Maßnahmen nur scheinbar ab, denn langfristig können nur Investitionen in neue Produkte, Herstellungsverfahren und Vertriebsstrukturen die Unternehmen retten. Gerade eine aktive strukturverändernde Sanierung ist aber entscheidend für die Zukunft und damit für die Qualität der deutschen Einheit.

Die beschriebenen Probleme beschränken sich nur scheinbar auf die neuen Bundesländer, denn der eingeschlagene Weg betrifft ganz Deutschland. Die Einheit gibt die Chance, Deutschland zu modernisieren und das Land auf die zukünftigen Aufgaben in einem zusammenwachsenden Europa vorzubereiten. Ansätze sind heute schon zu erkennen, wenn auch nur punkthaft. Beispielsweise sei nur auf die Investitionen von VW in Mosel bei Zwickau oder von Opel in Eisenach (→Bild 35) hingewiesen, wo einschließlich der Zulieferbetriebe modernste Produktionsanlagen entstehen. Weiterhin darf man nicht das Potential an Forschungs- und Entwicklungspersonal übersehen, das im Süden der ehemaligen DDR dem Arbeitsmarkt zur Verfügung steht. Das Hu-

Bild 35: Europas modernstes Automobilwerk (Opel) in Eisenach
Quelle: Zentralbild/H. Hirndorf

mankapital steckt z. T. in schon längst gegründeten kleinen bis mittelständischen Unternehmen, die mit eigener Technologie z. B. Werkzeugmaschinen kostengünstig bei sehr guter Qualität herstellen oder

schnell Produktnischen besetzen konnten. Man sollte nicht vergessen, daß die industriellen Wurzeln Deutschlands vor allem in Sachsen, also in einem neuen Bundesland, lagen.

IV.6 Landwirtschaft in West und Ost

Landwirtschaft in Deutschland - das bedeutet nicht nur Erzeugung von Agrarprodukten schlechthin. Verknüpft sind mit ihr auch ästhetische Momente, kulturlandschaftliche Besonderheiten. Es beeindrucken der jahreszeitliche durch Bestellung, Pflege und Ernte der Kulturpflanzen gegebene Wandel in der Feldflur, Farben vom zarten Frühjahrsgrün der Wintersaat bis zum Gelb vollreifen Getreides oder blühenden Rapses im Sommer und Herbst, Nutzungsvielfalt der Schläge durch das Reglement der Fruchtfolgen, das bedeutet Tradition und Formenvielfalt in der Gestaltung der Bauernhäuser und Hofstellen (→II.1).

Die beiden deutschen Staaten hatten über Jahrzehnte hinweg völlig unterschiedlich angelegte Agrarwirtschaften.

In Westdeutschland wurden beispielsweise die ehemaligen eigentumsrechtlichen Vorkriegsstrukturen auch nach 1945 fortgeführt. Durch effiziente Nutzung der natürlichen Produktionsbedingungen, eine leistungs- und konkurrenzfähige Lebensmittelindustrie, eine hervorragende Logistik in Vermarktung und Vertrieb, setzte bereits in den 60er

Jahren die mengen- und wertmäßige Ausdehnung der Agrarausfuhren ein. In den 80er Jahren war die Bundesrepublik nach den USA, Frankreich und den Niederlanden bereits der viertgrößte Agrarexporteur der Welt. Während dieser Zeit erhöhte sich der Selbstversorgungsgrad des Landes ständig, verloren aber auch fast 4 Millionen (1950/80) ehemals in der Landwirtschaft Tätige ihren Arbeitsplatz.

In der ehemaligen DDR bestand eine staatlich gelenkte, hochsubventionierte und -spezialisierte, bei weitem nicht kostendeckend produzierende, auf Eigenversorgung ausgerichtete Großbetriebs- und Großraumlandwirtschaft. 1989 gab es insgesamt nur rd. 4 600 landwirtschaftliche Betriebe, dar. 464 Staatsgüter (VEG) und 3 844 Landwirtschaftliche Produktionsgenossenschaften (LPG), mit einer landwirtschaftlicher Nutzfläche von 6,2 Mio. ha . Hervorgegangen waren sie - entsprechend den sozialistischen agrarpolitischen Leitbildern - über verschiedene Zwischenetappen aus den Einzelbauernwirtschaften der 50er Jahre. In jener Zeit vergrößerte sich der Bauernstand durch die entschädigungslose Enteignung

Betriebsform	Anteil (%) an der Betriebszahl insgesamt (665 100)
Futterbau	47,9
Marktfrucht	26,4
Dauerkultur	8,3
Veredlung	4,4
gemischt	4,3
Gartenbau	2,6
sonstige	6,1

Tab. 5: Spezialisierung landwirtschaftlicher Betriebe in der früheren Bundesrepublik (1989)
Quelle: Agrarbericht 1991 der Bundesregierung, Materialband, S.18

des Großgrundbesitzes und dessen Verteilung an Privatpersonen, landlose und landarme Bauern und Landarbeiter, Umsiedler, Altbauern, Kleinparzellenbesitzer in raschem Tempo. Ein geringerer Teil der enteigneten Flächen wurde zum Aufbau von volkseigenen Gütern, landwirtschaftlichen Lehr- und Versuchsstationen, Forstwirtschaftsbetrieben u. ä. verwendet. In den 60er Jahren, im Rahmen faktisch einer zweiten umfassenden Agrarreform, vollzog sich zwangsweise die "Kollektivierung" der Strukturen – der Zusammenschluß privater Familienbetriebe zu Landwirtschaftlichen Produktionsgenossenschaften. Der Kollektivierungsgrad war dabei zunächst noch unterschiedlich. Es gab Betriebstypen, in denen nur Akkerland und Grünland, andere, in denen außerdem auch das Vieh, die Landmaschinen und Wirtschaftsgebäude gemeinsam genutzt wurden. Damit war keinesfalls eine betriebliche Konsolidierung erreicht. Bis in die 80er Jahre hinein setzte sich die Transformation bis hin zu spezialisierten Großunternehmen fort.

Landwirtschaft in den alten Bundesländern

Der Agrarsektor wird durch *Familienbetriebe* bestimmt. Im Mittelpunkt stehen seit Jahrzehnten die im Vollerwerb geführten Unternehmen (→Abb. 59). 1990 machten sie fast 50 % aller Betriebe aus, bewirtschafteten mehr als 78 % der landwirtschaftlich genutzten Fläche (LF) und vereinigten 75 bis 80 % der Rinder-, Schweine- und Legehennenbestände des Landes auf sich. Daneben existiert eine vergleichsweise große Zahl von Nebenerwerbs- und eine relativ kleine von Zuerwerbsbetrieben. Diese drei verschiedenen Erwerbsformen gehen auf unterschiedliche Anteile außerbetrieblicher, meist außerlandwirtschaftlicher Familieneinkommen zurück. Daneben gibt es etwa 37 000 Kleinstbetriebe mit einer äußerst geringen LF von weniger als 1 ha. Die Produktspezialisierung hat zu insgesamt sieben verschiedenen Betriebsformen geführt (→Tab. 5).

Futterbaubetriebe, bei denen der Futterbau mit Milchkuhhaltung bzw. Rindermast kombiniert ist, sind am häufigsten vertreten. An zweiter Stelle stehen Höfe mit umfangreichem Getreide- und Hackfruchtbau. Weit geringer ist die Zahl, die Schweine und Geflügel hält.

Neben den Produktionsbetrieben gibt es eine Reihe landwirtschaftlicher Dienstleistungseinrichtungen vor allem auf genossenschaftlicher Ebene. Sie arbeiten nach dem Prinzip der Selbsthilfe sowie Selbstverwaltung und erleichtern ihren Mitgliedern beispielsweise die Vermarktung und den Absatz der Agrarerzeugnisse, die Abwicklung von Bank- und Versicherungsgeschäften, die Versorgung mit Maschinen, aber auch mit Wasser und mit Elektrizität.

Naturraumgunst und zahlreiche andere Lokalisationsfaktoren (etwa Markt- und Absatznähe, Anbautraditionen, Erbteilung) haben zu einem vielgestaltigen Bild von *Landwirtschaftsgebieten* geführt. Die Börden (→II.1) und die Gäue in Süddeutschland beispielsweise sind bekannt für Marktfruchtbetriebe mit Getreide/Hackfruchtspezialisierung. Die Mainfränkischen Platten mit dem Zentrum Würzburg gelten als Kornkammer Westdeutschlands und hier wiederum als Zentrum des Brauereigersteanbaus. Futterbaugebiete mit Viehzucht und Milchproduktion konzentrieren sich an der Nordseeküste, in Flußniederungen, im Alpenvorland und in den Alpentälern. Die in den Alpen beheimatete "Almwirtschaft" geht auf eine lange Tradition zurück (→Bild 36). Die Milchproduktion tritt hier mehr und mehr zurück, eine neue wirtschaftliche Erwerbsquelle, der Fremdenverkehr – das Allgäu ist eine der bedeutendsten deutschen Fremdenverkehrslandschaften – gewinnt an Bedeutung. Große Teile des Bundesgebietes nehmen Futter-/Hackfrucht- bzw. Hackfrucht-/Futterbauareale ein. Im Oberrheingebiet mischen sich die Hackfruchtflächen mehr und mehr mit Sonderkulturen, schließlich dominiert der Anbau von Wein, Obst und Gemüse. In dieser Beziehung vereinigt etwa das klimatisch und absatzbegünstigte Gartenanbaugebiet an der Niederelbe im Großraum Hamburg gleich mehrere Superlative auf sich (→Bild 37). Es gilt als größtes deutsches Blumenanbaugebiet, als größte geschlossene Obstbauregion Deutschlands, als größtes geschlossenes Baumschulgebiet der Welt. Im Nürnberger "Knoblauchland" und in den "Obst-" und "Weindörfern" an Rhein und Mosel (→IV.7), in der Nähe Frank-

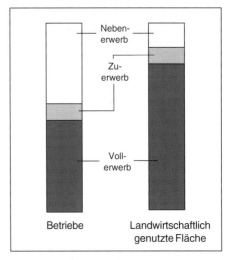

Abb. 59: Landwirtschaftliche Betriebe (>1 ha LF) nach ihrem Erwerbscharakter (1990)
Quelle: Agrarbericht 1991 der Bundesregierung, S. 2

furts, Darmstadts, Ludwigshafen/Mannheims und im Bodensee-Raum sind Sonderkulturen in ähnlicher Weise strukturbestimmend.

Die deutsche Landwirtschaft unterlag und unterliegt einem ständigen *Anpassungsprozeß* durch EG-interne Erfordernisse. Anpassung, das bedeutete in der Vergangenheit beispielsweise neben der Verringerung der Zahl der landwirtschaftlichen Betriebe (1980 noch mehr als 800 000, 1989 etwa 150 000 weniger) auch Vergrößerung der betrieblichen Flächenausstattung (zwischen 1970 und 1986 von 11,7 ha auf 16,8 ha), Zurückgehen des Arbeitskräftebesatzes je 100 ha LF von 15,0 (1965) auf 6,6 Personen (1989), investive Rationalisierungsmaßnahmen und erhöhte Wirtschaftlichkeit der Unternehmen (u. a. verstärkte Vergabe von

Bild 36: Berglandwirtschaft in den Alpen (K.Wiest)

Lohnarbeit und Nutzung kooperativer, genossenschaftlicher Einrichtungen, Erweiterung des familienfremden Arbeitskräftebestandes durch Saisonbeschäftigte).

Anpassung bedeutet auch Teilnahme an marktentlastenden Maßnahmen beispielsweise durch Einführung mengenbegrenzender Produktionsquoten (bei Milch ab 1984), durch Extensivierung, durch Stillegung von Ackerflächen (zwischen 1988 und 1990 rd. 220 000 ha). 1991 waren insgesamt bereits 4 % der Ackerfläche betroffen. Abgesehen davon, daß der Druck in Richtung auf eine Reform der EG-Agrarpolitik durch die bisher gescheiterten GATT-Verhandlungen ohnehin immer größer wird, versucht die deutsche Agrarstrukturpolitik beispielsweise im Rahmen des Programmes zur "Verbesserung der Agrarstruktur und des Küstenschutzes" und der Gemeinschaftsaufgabe "Verbesserung der regionalen Wirtschaftsstruktur" (→IV.1) in umfassenden Maßnahmepaketen, die Agrarbetriebe zu unterstützen, deren Einkommensniveau zu halten und zu steigern. Maßnahmen der Flurbereinigung, der einzelbetrieblichen Förderung, der Unterstützung von Unternehmen, die in Gebieten liegen, "die von Natur aus benachteiligt sind" (Zahlung von Ausgleichszulagen u. a.), aber auch die soziale Absicherung der Landwirte sind Beispiele dafür.

Landwirtschaft in den neuen Bundesländern

Mit der Vereinigung hat sich auch die ostdeutsche Landwirtschaft auf völlig neue ökonomische und rechtliche Rahmenbedingungen einzustellen - mehr noch, sie steht heute vor einer umfassenden Reformierung. Es geht dabei nicht nur um die Reprivatisierung der Landwirtschaftlichen Produktionsgenossenschaften und Staatsgüter, sondern um die Umwandlung in einen konkurrenzfähigen EG-markt- und standortgerecht produzierenden primären Sektor. Im Vordergrund steht dabei, ökologisch verträglich zu erzeugen sowie die Lebens-, Arbeits- und Umweltbedingungen im ländlichen Raum zu verbessern. Einige Schritte sind auf diesem Weg gegangen.

Im zweiten Halbjahr 1990 begann die Umstrukturierung der *Betriebe*. Die früheren Eigentumsformen waren in solche bürgerlichen Rechts zu überführen. Bereits per 31. Dezember 1991, so im Einigungsvertrag festgelegt, war diese Reformierung abzuschließen. Agrarpolitiker

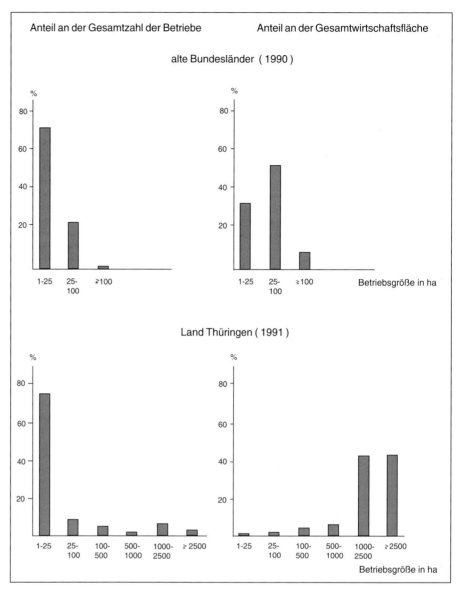

Abb. 60: Zahl und Nutzfläche landwirtschaftlicher Betriebe in den alten Bundesländern und im neuen Bundesland Thüringen
Quelle: Agrarbericht 1991 der Bundesregierung und Stat. Bericht des Statistischen Landesamtes Thüringen, Größenstruktur der landwirtschaftlichen Betriebe Thüringens 1991, Gera 1991

erwarteten angesichts des in den alten Bundesländern vorherrschenden Erwerbstyps "Familienbetrieb im Haupterwerb" im Osten Deutschlands zumindest tendenziell ähnliche Strukturen. Die Praxis nahm einen anderen Verlauf. Mehr als die Hälfte der Betriebe wandelte sich in "eingetragene Genossenschaften", 20-30 % in Kapitalgesellschaften um, "wieder eingerichtete" Familienbetriebe ("Wiedereinrichter") blieben von der Zahl und der bewirtschafteten Fläche her weit zurück – Zeichen vorsichtigen Taktierens, einer Furcht vor Schuldenlast (man schätzt den Kapitalbedarf auf 5 000-10 000 DM je ha), vor Unsicherheit über die Stabilität von Markt- und Absatzbeziehungen. Am Beispiel der Entwicklung von Thüringen ist zu erkennen, daß sich die Betriebsstruktur nicht der in den alten Bundesländer angepaßt hat (→Abb. 60). Selbst wenn

zukünftig noch Verschiebungen zugunsten der kleinen Familienbetriebe eintreten werden, Merkmale einer genossenschaftlich geführten Großraumlandwirtschaft werden offensichtlich weiterbestehen, auch angesichts der Alternative "Wachsen oder Weichen" in den alten Bundesländern nach dem Zweiten Weltkrieg .

Die Umbildung der Betriebe war mit einer "Entflechtung" einerseits und einer "Wiederzusammenführung" der hochspezialisierten Pflanzen- und Tierproduktion andererseits verknüpft. Die Ausgliederung häufig unwirtschaftlicher Betriebsteile wie Bauabteilungen, Werkstätten, aber auch Gärtnereien, Baumschulen etc. und der Kultur- sowie Sozialbereiche verringerte die Kosten in der Agrarwirtschaft erheblich, und die daraus entstandenen Betriebsneugründungen beleben gleichzeitig Handwerk und den Dienstleistungssektor im ländlichen Raum.

Abrupt vollzog sich der Anpassungsprozeß auf dem *Arbeitsmarkt*. Die begonnene Umstellung auf wettbewerbsfähige Betriebe ergab, daß von den ehemals 850 000 in der Landwirtschaft Beschäftigten (Stand 1989) bereits im Frühjahr 1992 nur noch 220 000 bis 250 000 einen Arbeitsplatz hatten. Von den Ausgeschiedenen konnten nur etwa 150 000 eine Tätigkeit in anderen Berufen finden, die übrigen wurden in den Vorruhestand versetzt, wurden Rentner, lassen sich umschulen oder sind arbeitslos. Betroffen von diesem Prozeß sind alle neuen Bundesländer, insbesondere aber Gebiete mit weniger günstigen natürlichen Produktionsbedingungen und monostrukturierte, vor allem durch die Landwirtschaft geprägte Teile Mecklenburg-Vorpommerns und Brandenburgs. Die Gefahr weiterer Massenentlassungen und vorauszusehender Langzeitarbeitslosigkeit verschärfen speziell in diesen Räumen die sozialen Probleme. Erwerbsalternativen im Handwerk, im Tourismusgeschäft, in Naturschutz und Landschaftspflege stehen derzeit auch dort bei weitem nicht in ausreichendem Umfang zur Verfügung. Gezielte Investitionshilfen zur Verbesserung der wirtschaftsstrukturellen Situation setzen erst ein (→IV.1).

Nach der Vereinigung hatte sich die ostdeutsche Agrarwirtschaft auf *Flächenstillegung von Ackerflächen* und Extensivierung der Erzeugung, auf Rückführung der Überschußproduktion einzustellen, denn die EG muß wegen Finanzierungsproblemen und drohender Handelskonflikte die Kapazitäten abbauen. So konnten die Agrarbetriebe Ostdeutschlands bereits 1990/91 auch von der Möglichkeit Gebrauch machen, Ackerflächen gegen Prämienzahlung stillzulegen. Der Umfang fiel, ganz anders als es die westdeutsche Praxis zeigt, mit ca. 600 000 ha im Jahre 1991 (→Abb. 62) sofort sehr hoch aus. In den alten Bundesländern wurden von 1988/89 bis 1990/91 nur knapp 300 000 ha stillgelegt. Es bleibt abzuwarten, wie sich diese Entwicklung in der Zukunft fortsetzen wird, welchen Umfang in den kommenden Jahren die Dauerbrache einnehmen und welche regionalen Konsequenzen sie hervorbringen wird. Gerade in den ländlichen Räumen der neuen Bundesländer mit sehr niedriger Bevölkerungsdichte wie in Mecklenburg-Vorpommern oder Brandenburg beträgt der Anteil der Flächenstillegungen über

Bild 37: Gartenanbaugebiet (Altes Land) an der Niederelbe bei Hamburg (V. Rihse)

20 % (→Abb. 62). Sicherlich hat dieser Umfang positive ökologische Folgen. Er bedeutet aber auch, daß Arbeitsplätze in der Landwirtschaft verloren gehen, die Betroffenen, vor allem jüngere Bevölkerungsgruppen abwandern und entsprechend negative Auswirkungen auf die Nachfrage nach Versorgungs- und Infrastruktureinrichtungen zu erwarten sind.

Derzeitig ist noch nicht überschaubar, wie sich die ostdeutsche Landwirtschaft erzeugnisstrukturell auf die neuen Bedingungen einstellen wird. Unter Einfluß von EG-Marktpolitik, Standortgüte, lokalen und regionalen Konsumbedürfnissen, beabsichtigten Investitionen in die Bereiche, welche Agrarerzeugnisse verarbeiten und vermarkten, ist langfristig mit einer Verdrängung des Kartoffel- und Roggenanbaus zugunsten von Weizen, Gerste oder Raps zu rechnen. Der frühere Bestand an Gemüseflächen und Obstkulturen begann sich bereits ab 1990 zu verkleinern. Gleichzeitig kam es zu erheblichen Reduzierungen der Viehbestände und damit der Eier-, Milch- und Fleischproduktion. Diese Entwicklung hat zur Folge, daß zahlreiche ehemals landwirtschaftlich genutzte Gebäude andere Funktionen erhalten werden (→Bild 38).

Zu Beginn der 90er Jahre war in den neuen Bundesländern die Liquidität der

Bild 38: Vor wenigen Monaten noch ein Kuhstall – heute ein ländliches Einkaufszentrum (M. Wollkopf)

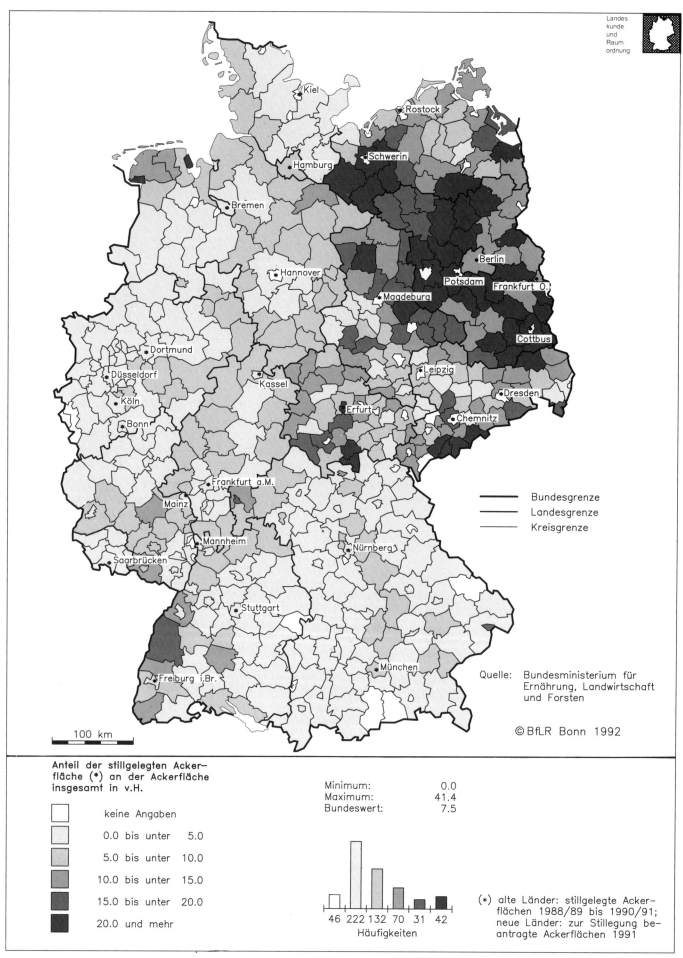

Landes
kunde
und
Raum
ordnung

Bundesgrenze
Landesgrenze
Kreisgrenze

Quelle: Bundesministerium für
Ernährung, Landwirtschaft
und Forsten

© BfLR Bonn 1992

100 km

**Anteil der stillgelegten Acker-
fläche (*) an der Ackerfläche
insgesamt in v.H.**

keine Angaben

0.0 bis unter 5.0

5.0 bis unter 10.0

10.0 bis unter 15.0

15.0 bis unter 20.0

20.0 und mehr

Minimum: 0.0
Maximum: 41.4
Bundeswert: 7.5

46 222 132 70 31 42
Häufigkeiten

(*) alte Länder: stillgelegte Ackerflächen 1988/89 bis 1990/91;
neue Länder: zur Stillegung be-
antragte Ackerflächen 1991

Abb. 61: Anteil (in %) der stillgelegten Ackerfläche an der gesamten Ackerfläche
Quelle: BfLR-Mitteilungen 1/1992 – Februar, S. 2

Kleine Geographie von Deutschland

landwirtschaftlichen Betriebe noch ungünstig. Ausgangspunkt dafür war nicht selten die Währungsunion im Juli 1990. Sie brachte für die LPG, VEG und gärtnerischen Unternehmen keine Entschuldung, den Zusammenbruch des DDR-Binnenmarktes innerhalb weniger Wochen, das Auftreten westdeutscher Nahrungsmittelkonzerne und Großhandelsketten mit tausenden Tonnen von agraren Frischwaren, Nahrungs- und Genußmitteln aus dem gesamten EG-Raum (→Abb. 61). Das führte schlagartig zu einer Verdrängung des größten Teils der ostdeutschen landwirtschaftlichen Produkte im eigenen Lande. Allein bis Mitte November 1990 verursachten Preisverfall und Absatzprobleme für die Betriebe Verluste

von über 10 Mrd. DM – eine Summe, die sich später noch erhöhte.

Inzwischen ist ein umfangreiches Förderprogramm mit Maßnahmen zur Verbesserung der Marktstruktur angelaufen: Anpassungshilfen zur Überbrückung erfolgter Preiseinbrüche, standortbezogene Zuschläge, Hilfen zur Sicherung der Zahlungsfähigkeit, Förderung der Dorferneuerung, des landwirtschaftlichen Wohnungsbaus und des Betriebszweiges "Urlaub auf dem Bauernhof" runden die von staatlicher Seite eingeleiteten Maßnahmen ab und geben der Hoffnung Ausdruck, daß sich die landwirtschaftlichen Betriebe in Ostdeutschland zu konkurrenzfähigen Unternehmen stabilisieren können.

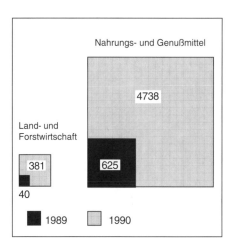

Abb. 62: Lieferungen landwirtschaftlicher Erzeugnisse (in Mio. DM) nach Ostdeutschland 1989/90
Quelle: Statistisches Bundesamt 1991, S. 272.

IV.7 Weinbau und Weinberge

Die Trinkgewohnheiten der Deutschen weisen es eindeutig aus: Der Wein erfreut sich zwar seit Jahren wachsender Beliebtheit, doch im Vergleich zum Bierkonsum fällt er deutlich zurück. Im Jahre 1990 trank jeder Einwohner Deutschlands im Mittel 143 l Bier, aber nur 26 l Wein. Ist Deutschland trotzdem ein Weinland?

Anbaugebiete
Produziert wird der Wein in dreizehn Anbaugebieten: Ahr, Mittelrhein, Mosel-Saar-Ruwer, Rheingau, Nahe, Rheinhes-

sen, Rheinpfalz, Hessische Bergstraße, Baden, Württemberg, Franken, Saale-Unstrut und Sachsen (→Abb. 63). Alle Anbaugebiete vermitteln jene Assoziation vom Weinbau, die für deutsche Verhältnisse typisch ist (→Bild 39): Bindung an einen Fluß, hängiges bis steiles Gelände, um die Sonneneinstrahlung optimal zu nutzen, erosionsreduzierende Terrassierung, Trockenmauern und Treppenzugänge, schmale aber gut ausgebaute Wirtschaftswege, dicht bebaute Ortschaften, Bauernhöfe mit großen Toreinfahrten,

Weinkellern und Probierstuben, Weinköniginnen und Weinfeste. Die zahllosen Weinbauorte strahlen mit ihren Fachwerkbauten, angepaßten Neu- und Umbauten, um Gäste werbende Weinstuben Unverwechselbares und Flair aus. Der Weinbau schuf in Deutschland einen Kulturlandschaftstyp von einmaliger Schönheit mit hohem Freizeitwert und -angebot.

Deutsche Weine
Deutsche Weine sind überwiegend Weißweine der Rebsorten Müller-Thurgau,

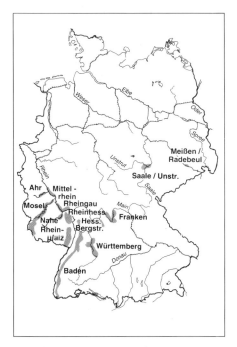

Abb. 63: Die Weinanbaugebiete Deutschlands; Quelle: Deutscher Weinatlas 1991

Bild 39: Weinanbau an der Mosel bei Hatzenport
Quelle: Landesbildstelle Rheinland-Pfalz

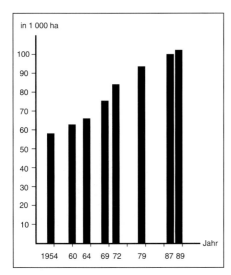

in 1 000 ha

Abb. 64: Bestockte Rebflächen in den alten Bundesländern (1954-1989)
Quelle: Statistisches Bundesamt 1989, 1991

Riesling, Silvaner, Kerner und Scheurebe und weniger Rotweine wie Blauer Spätburgunder, Blauer Portugieser oder Blauer Trollinger, der fast ausschließlich in Württemberg gelesen wird (→Abb. 65). Der Weinbau hat eine lange Tradition. So führten möglicherweise die Römer den Elbling als "uva alba" oder "uva albena" in unseren Raum ein, eine anspruchslose Rebsorte mit markanter Säure, die heute an der Obermosel und als Spezialität in Baden vorkommt. Aber es gibt noch andere Hinweise. Auf römischen Steindenkmälern sind bogenförmig aufgebundene Reben dargestellt, Weinschiffe aus jener Zeit sind im Rheinischen Landesmuseum Trier zu bewundern, oder vor etwa 2 000 Jahren genutzte Kelteranlagen sind in Piesport oder bei Kues an der Mosel zu sehen.

Deutsche Weine verkaufen sich wegen ihrer Frische, Eleganz, Harmonie und ihres fruchtigen Aromas. Prägend hierzu ist der Witterungsablauf in Süd- und Mitteldeutschland mit ausgeglichenen Temperaturen, langanhaltendem, schönem Herbstwetter und ausreichenden Niederschlägen (→III.1). Diesen natürlichen Voraussetzungen ist es zu verdanken, daß das Wachstum der Reben im Sommer fortschreitet, ohne daß eine frühzeitige Notreife wegen Trockenheit eintritt. Dabei steigt das Mostgewicht gewöhnlich bis zum Höhepunkt der natürlichen Entwicklung im Oktober an, wobei die Säure als wichtiger Qualitätsfaktor erhalten bleibt.

Weinbaubetriebe

Die Einbindung in die EG-Marktordnung, das ständige Ringen um Wettbewerbsfä-

higkeit und Marktanteile hinterlassen auch bei den deutschen Winzern erwartungsgemäß Spuren. Seit Jahren geht die Zahl der Weinbaubetriebe zurück, allein seit 1980 um etwa 13 % auf 77 400.

In Rheinland-Pfalz, wo ca. 60 % der deutschen Weinernte eingebracht wird, waren 1989/90 knapp 58 % reine Weinbaubetriebe mit einer durchschnittlichen Rebfläche von 2,09 ha. Im Regierungsbezirk Trier, der in etwa das Anbaugebiet Mosel-Saar-Ruwer widerspiegelt, drängen sich die Rebstöcke wegen der günstigen Sonneneinstrahlung auf den oft steilen und schwer zugänglichen Talhängen (→Bild 39, 40), so daß die mittlere Betriebsgröße dort nur 1,53 ha erreicht. Nur ein Viertel der Winzer hatte 1989/90 in Rheinland-Pfalz eine bestockte Rebfläche von mehr als 3 ha. Großbetriebe von 10 und mehr Hektar bilden nicht zuletzt wegen der nach wie vor hohen Arbeitsintensität und der Realerbteilung in den Anbaugebieten auch heute noch die Ausnahme. Dennoch, mit Reben erzielt man wesentlich höhere Einnahmen als mit Getreide, so daß die Zunahme der bestockten Rebflächen bis in die jüngste Zeit nicht überrascht (→Abb. 64).

Etwa ein Drittel der Betriebe verarbeite ihre Ernte nicht selbst. Diese Kleinproduzenten schlossen sich zu Winzergenossenschaften zusammen, welche die Vermostungs-, Abfüllungs-, Lagerungs- und Vermarktungsfunktionen übernehmen

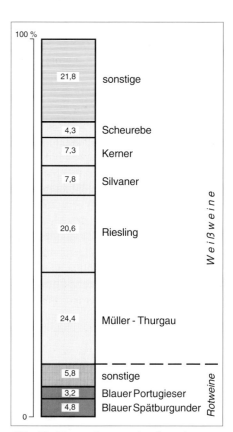

Abb. 65: Hauptrebsorten der deutschen Anbaugebiete; Quelle: Deutscher Weinatlas 1991

und auf diese Weise für die Betriebe Kosten einsparen. Marktchancen verspricht sich der deutsche Weinbau nicht nur durch Werbung und professionelles Marketing, Besuch von Messen und ähnlichen Veranstaltungen (Internationale Weinmesse in Hamburg), sondern vor

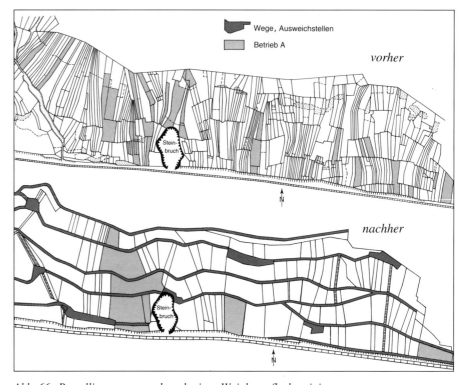

Abb. 66: Parzellierung vor und nach einer Weinbergsflurbereinigung
Quelle: Ministerium für Landwirtschaft, Weinbau und Forsten Rheinland-Pfalz 1991

allem mit der Minderung des Arbeits- und Produktionsaufwandes sowie mit der Hebung der Weinqualität und damit des Verkaufserlöses.

Weinbergsflurbereinigung

Eine Möglichkeit hierzu bietet die Weinbergsflurbereinigung. Gerade in Steillagen wie an der Mosel waren die Rebflächen früher ausschließlich durch Fußwege erschlossen, welche die Bewirtschaftung oft nur in Handarbeit erlaubten. Ein Ziel der Flurbereinigung ist es, die Weinberge durch ein Fahrwegenetz erreichbar zu machen, das dem Gelände und den Höhenlinien angepaßt ist. Dadurch können die Rebflächen mit Maschinen im Direkt- oder Seilzug bewirtschaftet werden. Gleichzeitig faßt man die oft über die gesamte Gemarkung verstreuten Einzelparzellen zusammen, um unproduktive Grundstücksgrößen (zu klein, unzweckmäßig geformt, nicht maschinell bewirtschaftbar) und zu weite Fußwege zu beseitigen und um die Bewirtschaftungsweise zu rationalisieren (→Abb. 66).

Bei der Neugestaltung sind neue Terrassen zu planieren, werden Stützmauern zur Sicherung der neuen Wege und zur Vermeidung von Hangrutschungen in Abhängigkeit von Relief und Geologie gebaut. Aus ökologischen und landschaftsgestalterischen Gründen werden sie in der Regel als Trockenmauern errichtet. Wasserwirtschaftliche Bauvorhaben zur Verbesserung des Erosionsschutzes, zum Erhalten und Anlegen von bepflanzten Böschungen, Rainen und Hecken, zum Begrünen der Rebzeilen, zur Erhaltung ökologisch wertvoller Lebensräume für Pflanzen und Tiere sowie die

Bild 40: Moseltal bei Münden im Kreis Cochem-Zell
Quelle: Landesbildstelle Rheinland-Pfalz (Luftbild freigegeben durch BR Rheinland-Pfalz Nr. 19686-8)

Schaffung vernetzter Biotopsysteme runden die Maßnahmen ab.

Diese neuen Bestandsstrukturen setzen sich auch optisch gegenüber den alten ab. Aber obwohl die Flurbereinigung kürzere Arbeitszeiten, weniger Arbeitsaufwand, bessere Arbeitstechnik und höhere Produktivität erzielt, ergeben sich auch Nachteile. So geht die Kammerung der Weinberge verloren und damit auch ein Teil der Vielfalt des deutschen Weins. Zudem werden die Parzellen oft mit neuen Rebstöcken von ertragreichen Sorten bepflanzt. Doch hohe Erträge mindern im allgemeinen die Qualität des Weines und damit auch die Einnahmen der Winzer, da die deutschen Weinbauern in Europa beim Tafelwein nicht gegenüber der Konkurrenz aus Frankreich, Italien oder Spanien bestehen können.

V. Verkehr und Kommunikation

V.1 Verkehrsachsen und Verkehrserschließung

Die zukünftige regionale Entwicklung eines Raumes hängt in hohem Maße von seiner infrastrukturellen Ausstattung im Hinblick auf die Übermittlung von Nachrichten sowie auf den Transport von Gütern und Personen ab. Dabei zählt Deutschland sowohl unter qualitativen als auch quantitativen Aspekten zu den führenden Staaten der Welt.

Das großräumige Netz, welches die Wirtschaftsräume mittels der Verkehrsträger Eisenbahn, Lkw, Pkw, Binnenschiff, Flugzeug und Pipeline miteinander verbindet, wurde seit dem 19. Jh. in mehreren Phasen ausgebaut.

Verkehrsverbindungen im Überblick

Die wichtigsten Verkehrsachsen verlaufen entsprechend der Lage des Landes in der Mitte Europas (→I.1) sowie der naturräumlichen Zonierung (→III.1) von West nach Ost sowie von Süd nach Nord. Eine ganz Deutschland durchziehende west-östliche Verkehrslinie war und ist nördlich der Mittelgebirgsschwelle ausgebildet. In diesem Streifen verlaufen Bundes- und Autobahnen sowie Kanäle für die Binnenschiffahrt (Mittelland-, Havel-, Oder-Havel-, Oder-Spree-Kanal), welche die von Süd nach Nord orientierten Flußläufe (Rhein, Ems, Weser, Elbe, Oder) miteinander verbinden und auf diesem Wege einen Zugang zu den Häfen vor allem an der Nordsee (Rotterdam, Emden, Bremen, Hamburg) ermöglichen (→Abb. 67, V.2). Diese Achse verknüpft den Rhein-Ruhr-Raum in Nordrhein-Westfalen (→IV.3), die Agglomerationen Hannover/Braunschweig, Halle/Leipzig, Dresden und Berlin miteinander. Ein zweiter Verkehrsbogen in west-östlicher Richtung zieht sich von Saarbrücken über Mannheim, Karlsruhe, Stuttgart nach München. Beide Leitlinien sind sowohl im Westen als auch im Osten jenseits der Grenze in europäische Netze eingebunden. So bestehen gute Verkehrsverbindungen zwischen München und Wien, zwischen Saarbrücken und Paris, zwischen Berlin und Warschau, Dresden und Prag, zwischen Ruhrgebiet und Amsterdam, Brüssel, London sowie Paris. Diese Verflechtungen wurden nach dem Zweiten Weltkrieg aufgrund der politischen Situation in Europa zunächst fast

bedeutungslos, erfuhren und erfahren mit der Vereinigung Deutschlands und mit der Öffnung Osteuropas jedoch einen neuen Aufschwung.

Die wichtigste Verkehrsader Deutschlands, vielleicht sogar von Europa, ist die sog. Rheinschiene, in der sich Schiffahrt, Eisenbahn, Pkw-, Lkw-, Flugverkehr sowie Rohrleitungssysteme mit höchsten Frequentierungen bündeln. Von der Schweiz, der Regio Basiliensis, im Süden bis zur Rheinmündung bei Rotterdam im Norden, dem größten europäischen Seehafen, reihen sich Wirtschaftsgebiete von außerordentlicher internationaler Bedeutung und unterschiedlicher Struktur aneinander. Die Flugplätze in Frankfurt/Main (300 000 Starts und Landungen im Jahre 1989), Köln/Bonn und Düsseldorf unterstreichen die weltweiten Verflechtungen. Die Teilung Deutschlands verursachte eine stärkere Betonung weiterer Süd-Nord gerichteter Trassen aus den süddeutschen Verdichtungsräumen über Hannover zu den Seehäfen Hamburg und Bremen. Kennzeichnend ist der Ausbau der Eisenbahnlinie von Würzburg über Kassel nach Hannover für die ICE-Hochgeschwindigkeitszüge sowie die Vogelfluglinie von Hamburg über Puttgarden auf Fehmarn nach Kopenhagen.

Im Gebiet der ehemaligen DDR gewannen die Verkehrslinien aus den sächsischen und thüringischen Industriegebieten nach Berlin und zu den Ostseestädten Wismar, Rostock und Saßnitz an Bedeutung. Diese Süd-Nord-Verbindungen werden nach der Vereinigung in den süddeutschen Raum nach Nürnberg und München bzw. nach Südwesten in Richtung Frankfurt/Main erweitert und beleben somit alte Handelswege, die bis nach Italien reichten, wieder. Auch sie sind für den Verkehr zwischen Skandinavien und Südost- bzw. Südeuropa wichtig.

Neben diesen großräumigen axialen Fernverbindungen, streckenweise in Bündelung verschiedener Verkehrsträger als bereichernder Standortvorteil für die Ansiedlung von Gewerbebetrieben oder Dienstleistungseinrichtungen, ist die regionale Erreichbarkeit jedes Ortes zumindest im Straßennetz gewährleistet. Die regionale Erschließung strahlt oft von den Oberzentren als Verkehrsknoten

radialförmig aus (München, Hamburg). In Regionen mit großem Verdichtungsgrad verknüpfen sich axiale und radialzonale Verkehrsstrukturen zu einem engmaschigen Netz (Ruhrgebiet, Rhein-Main-Raum).

Verkehrsentwicklung

Der Beitrag der einzelnen Verkehrsmittel zum Transport von Gütern oder Personen verlief im geteilten Deutschland ganz unterschiedlich. Während in der ehemaligen DDR die Verkehrspolitik der Eisenbahn Priorität einräumte, baute man in der früheren Bundesrepublik vor allem das Autobahn- und das übrige Straßennetz großzügig aus (→Abb. 68). Entsprechend differenziert ist der Beitrag der Verkehrsmittel zur Bewältigung des Transportaufkommens in den neuen und alten Bundesländern. Die Leistung der einzelnen Kategorien (Modal Split) berechnet sich aus der Multiplikation von Fahrtstrecke und der Personenzahl bzw. des Frachtgewichts, welche die jeweilige Fahrtstrecke zurücklegen. Die hieraus resultierende Verkehrsleistung wird in Personen- (Pkm) bzw. in Tonnenkilometern (tkm) gemessen.

Von 1960 bis 1989 sind die Verkehrsleistungen im früheren Bundesgebiet unter konjunkturellen Schwankungen sowohl beim Transport von Personen als auch von Gütern steil angestiegen. So hat sich die Leistung im Personenverkehr von 238 Mrd. Pkm auf 684 Mrd. Pkm fast verdreifacht (→Abb. 68). Zwar weist die Tendenz auf eine Sättigung hin, da die Zunahme in den 80er Jahren nur noch ein Viertel der Zuwachsrate der 60er Jahre betrug, doch ist hinsichtlich des Umweltschutzes (→III.2) sowie der Unfallgefahren in hohem Maße bedenklich, daß der Anstieg der Verkehrsleistung ausschließlich auf den Individualverkehr zurückzuführen ist. Öffentliche Verkehrsmittel konnten davon nicht profitieren. Ihr Beitrag zum Transport von Personen blieb absolut gesehen konstant, relativ sank er von ca. 23 % (1970) auf etwa 18 % (1989). So legte im Jahre 1989 jeder Einwohner der früheren Bundesrepublik durchschnittlich 11 765 km zurück, wovon mehr als 9 000 km auf das Auto und nur 1 900 km auf öffentliche Verkehrsmittel entfielen.

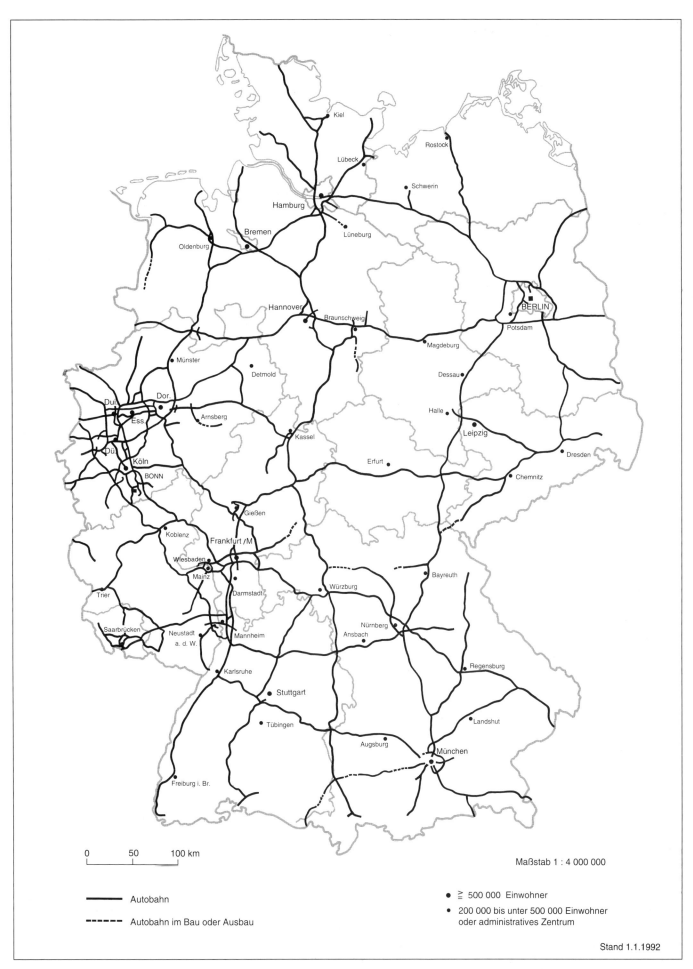

Abb. 67: Autobahnnetz in Deutschland (1990)
Quelle: BMBau 1991a

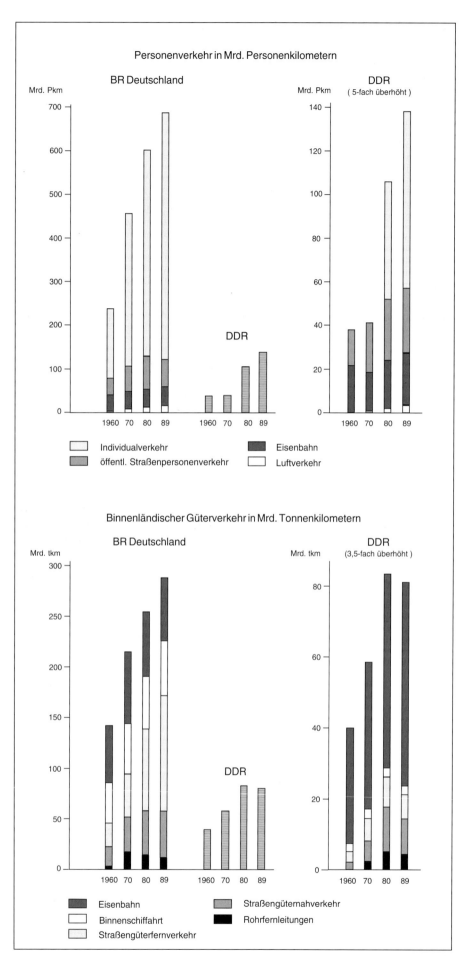

Personenverkehr in Mrd. Personenkilometern

BR Deutschland

Mrd. Pkm

DDR
(5-fach überhöht)

Mrd. Pkm

DDR

- ☐ Individualverkehr
- ▨ öffentl. Straßenpersonenverkehr
- ▨ Eisenbahn
- ☐ Luftverkehr

Binnenländischer Güterverkehr in Mrd. Tonnenkilometern

BR Deutschland

Mrd. tkm

DDR
(3,5-fach überhöht)

Mrd. tkm

DDR

- ▨ Eisenbahn
- ☐ Binnenschiffahrt
- ☐ Straßengüterfernverkehr
- ▨ Straßengüternahverkehr
- ■ Rohrfernleitungen

Abb. 68: Verkehrsleistungen in der früheren Bundesrepublik und in der ehemaligen DDR (1960 bis 1989)
Quelle: Umweltbundesamt 1992, S.30-33

Die Ursachen für diese Entwicklung sind vielfältig und sowohl in allgemeinen Rahmenbedingungen als auch in individuellen Präferenzen zu sehen. So ist die Verbesserung des Lebensstandards zu beachten, mit der eine höhere Bereitschaft zur Mobilität einhergeht. Längere Wege zwischen Wohnung und Arbeitsplatz sowie verändertes Freizeitverhalten konnten aufgrund der fortschreitenden Motorisierung in Kauf genommen werden. Der Ausbau eines qualitativ wie quantitativ hervorragenden Straßennetzes unterstützte diesen Prozeß bei gleichzeitiger Streckenreduzierung durch die Deutsche Bundesbahn. Sie legte wegen mangelnder Rentabilität seit 1960 gut 3 000 km des Schienennetzes in dünn besiedelten Räumen still, verzichtete auf Modernisierungen wie z. B. im nördlichsten Bundesland Schleswig-Holstein, wo erst in den kommenden Jahren die Hauptlinien nach Skandinavien elektrifiziert werden, oder dünnte Fahrpläne aus.

Wer kann überrascht sein, daß immer mehr Berufstätige bei ihren Fahrten zwischen Wohnung und Arbeitsstätte auf das Auto umsteigen? Die schlechte Fahrplanabstimmung zwischen den öffentlichen Verkehrsmitteln, häufiges Umsteigen oder auch das Warten auf verspätete Anschlußzüge erhöhten den Zeitaufwand im Vergleich zur Pkw-Benutzung beträchtlich. Auch die Kosten sind nicht zu vergessen. Mit einem Beifahrer ist die Reise mit dem Auto von Hamburg nach Frankfurt schon deutlich billiger als der Super-Sparpreis der Bundesbahn. Allerdings bedenkt der Autofahrer in der Regel nur den Benzinpreis und vergißt die Nebenkosten. Die Konsequenzen werden beispielsweise in der Verkehrsmittelbenutzung zur Haupturlaubsreise von 1960 bis 1987 deutlich (→Abb. 69). Bei etwa gleicher Ausgangssituation erreichte der Pkw Ende der 80er Jahre einen Anteil von etwa 55 %, die Bundesbahn nur etwas über 10 %, und ihre Bedeutung liegt sogar hinter der des Flugzeugs. Das Auto ermöglicht eben nicht nur bei Fahrten von der Wohnung zum Arbeitsplatz, zum Einkaufen oder zu kulturellen Veranstaltungen, sondern auch im Urlaub eine hohe raumzeitliche Flexibilität. Dafür nimmt man sogar tägliche Verzögerungen auf den Straßen oder während der Ferienzeit Staulängen bis zu 100 km in Kauf.

Ein ähnliches Bild mit den negativen Folgen für die Umwelt zeigt in der früheren Bundesrepublik auch die Entwicklung des Güterverkehrs, dessen Leistung

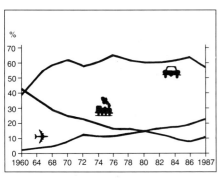

Abb. 69: Verkehrsmittel der Haupturlaubs-
reisen (1960-1987)
Quelle: HARTMANN 1988, S.10

von 1960 bis 1989 von 142 Mrd. tkm auf 288 Mrd. tkm unter konjunkturellen Schwankungen anstieg. Differenziert man die Verkehrsleistungen im binnenländischen Gütertransport nach dem Beitrag der einzelnen Verkehrsmittel, so entfiel der Zuwachs von 1970 bis 1989 vollständig auf den umweltbelastenden Straßengüterfernverkehr (1970: 19,8 %, 1989: 39,1 %). Dagegen ging die Leistung der umweltfreundlicheren Eisenbahn und Binnenschiffahrt (1970: 56 %, 1989: 40,4 %) nach 1970 auch absolut leicht zurück (→Abb. 68). Massentransporte haben nicht mehr die Bedeutung wie noch in den 60er Jahren, insbesondere nach der Krise bei Kohle und Stahl (→IV.3). Gegenwärtig rollen kleinere und leichtere Produkte des Maschinenbaus oder der Chemie auf dem Lkw über die Autobahnen, der zudem die geänderten Anforderungen aufgrund neuer Produktionstechnologien ("just in time") bis heute besser als die Bundesbahn erfüllen kann.

Für die ehemalige DDR liegen Daten zur Verkehrsleistung erst ab 1980 vor. Im Gegensatz zur früheren Bundesrepublik hat sich von 1980 bis 1989 die Struktur der Verkehrsleistungen nicht gravierend geändert. Im Gegenteil schwächte sich

der Güterverkehr von 84,6 Mrd. tkm auf 82,5 Mrd. tkm sogar leicht ab, während der Transport von Personen eine mittlere jährliche Zuwachsrate von 2,4 % verzeichnete. Doch lag in der ehemaligen DDR ein für die Umwelt wesentlich günstigerer Modal Split vor. So erreichten 1989 bei der Beförderung von Personen Eisenbahn und öffentlicher Straßenpersonenverkehr einen mehr als doppelt so hohen Anteil von 37,8 % wie im früheren Bundesgebiet (15,3 %), und beim Güterverkehr entfielen 71,5 % der Leistungen auf die Schiene (alte Bundesländer: 21,6 %).

Herausforderungen bei der zukünftigen Entwicklung

Die politischen Veränderungen in Europa, die Einführung des europäischen Binnenmarktes, die Vereinigung Deutschlands, die Öffnung der osteuropäischen Staaten lassen in Europa mittelfristig ein kräftiges Wachstum bei der Verkehrsleistung erwarten. Davon betroffen ist in hohem Maße Deutschland, da der Transitverkehr von Nord nach Süd, von West nach Ost die Mitte Europas queren muß. Eine weitere Steigerung des Pkw- und Lkw-Verkehrs ist jedoch aus ökologischen Gründen und aus mangelndem und kaum vermehrbarem Verkehrsraum problematisch.

Lösungen bieten sich in der verkehrslogistischen Verzahnung der je nach Beförderungszweck und Gutart geeigneten Verkehrsträger. So steht die umweltfreundliche Eisenbahn beim Personen- und Gütertransport im Vordergrund, die durch ICE- und auch durch schnellfahrende Güterzüge an Attraktivität gewinnen soll. Höchstgeschwindigkeitszüge werden sogar den Flugverkehr bis zu einer Reiseentfernung von 500 km ver-

mindern können, so daß mehr Luftraum für internationale Flugrouten zur Verfügung steht.

Dem Güterverkehr auf der Schiene erwachsen im Kombinierten Ladeverkehr (KLV) Zuwachsraten, wobei die wichtigsten Wirtschaftsagglomerationen miteinander im KLV-Schnellverkehr verbunden und damit Straße und Umwelt entlastet werden. Doch ist die Streckenfrequentierung durch die Bahn auf den Ferntrassen bereits jetzt so hoch, daß zusätzliche Transporte in nennenswertem Umfang nicht mehr aufgenommen werden können. Der Bau zusätzlicher Gleiskörper sowie von Ersatzstrecken und eine Erhöhung der Zugfrequenz sind Voraussetzungen für Kapazitätserweiterungen im Gütertransport. Für die neuen Bundesländer sind mehrere Güterverkehrszentren (GVZ) geplant.

Im Gebiet der ehemaligen DDR ist das Schienennetz zu erhalten und qualitativ zu verbessern. Investitionsmittel sollten daher aufgrund der Erfahrungen in Westdeutschland überproportional dem Fernbahnnetz und dem öffentlichen Nahverkehr zugute kommen. Entlastungsmöglichkeiten für Straße und Schiene bietet außerdem der Binnenschiffsverkehr im Massengüter- und Containersektor. Verbesserungen von Wasserstraßen sind vorgesehen (→V.2). Verzahnungen von Verkehrsträgern sind im Öffentlichen Personennahverkehr (ÖPNV) der Großstädte mit dem Pkw-Verkehr u. a. durch Park-and-Ride-Systeme angesagt, um Verkehrsstauungen innerhalb der Städte zu verringern. Desweiteren ist darüber nachzudenken, wie die Verkehrserzeugung z. B. durch eine Zuordnung von Standorten überhaupt vermindert werden kann.

V.2 Neue Verkehrs- und Kommunikationsverbindungen: Brücken zur Einheit

Die trennende Wirkung der ehemaligen Grenze ist am Beispiel der Hauptstrecken des Eisenbahnnetzes leicht zu erkennen (→Abb. 70). So sind Nord-Süd-Verbindungen besser ausgebaut als jene von Ost nach West (→V.1). Auch die besondere Position von West-Berlin, das hoheitsrechtlich den USA, Großbritannien und Frankreich unterstellt war (→I.2), kommt in *Abbildung 70* zum Ausdruck. Von Westdeutschland aus gab es entlang der

vorgeschriebenen Verkehrskorridore keine durchgehend elektrifizierte Eisenbahnverbindung mit der geteilten Stadt. Ähnliche Probleme der mangelhaften Verflechtung zwischen Ost und West lagen 1990 für das Straßennetz, die Schiffahrt und die Telekommunikation vor.

Qualität der Verkehrswege

Die wirtschaftliche Dynamik in den neuen Bundesländern hängt jedoch nicht nur

vom Neubau der Ost-West-Verbindungen ab, sondern in hohem Maße auch von der generellen Verbesserung des vorhandenen Netzes. Vergleicht man die Verkehrs- und Telekommunikationsinfrastruktur innerhalb der EG, so zählen die neuen Bundesländer zu den Gebieten mit den größten Mängeln. Für die Erschließung der Fläche ergibt sich für die frühere Bundesrepublik und die ehemalige DDR zwar ein vergleichbarer Wert, doch sind

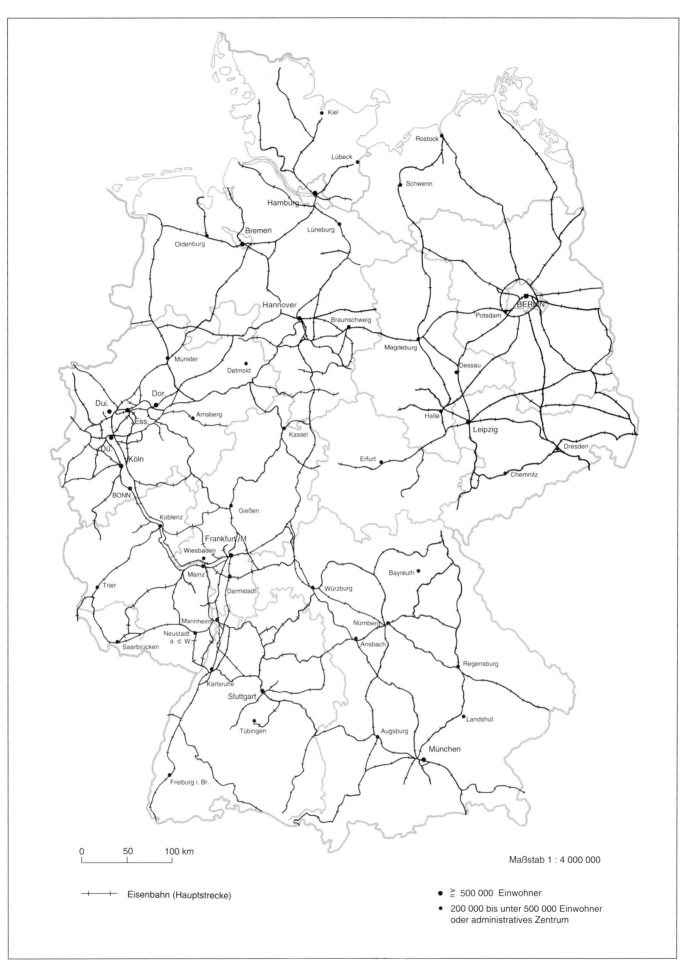

Abb. 70: *Hauptstrecken des Eisenbahnnetzes*
Quelle: BMBau 1991

Kleine Geographie von Deutschland

die qualitativen Unterschiede gravierend (→Abb. 71a/b). So waren 1989 über 40 % der Bahnstrecken in den alten Ländern elektrifiziert, jedoch nur 27 % in den neuen Ländern. Sicherlich hängen diese Zahlen auch mit der stärkeren Reduzierung des Eisenbahnnetzes im Westen zusammen, doch bleibt festzuhalten, daß die Zuggeschwindigkeiten bei der Deutschen Reichsbahn um ca. 20 bis 30 % geringer sind als bei der Deutschen Bundesbahn.

Ähnliche Aussagen gelten für den Straßenzustand. Ein Fünftel der Fernverbindungen waren 1990 in schlechtem oder gar sehr schlechtem Zustand, bei den Landstraßen betrug dieser Anteil sogar 41 %. Im kommunalen Netz kann man ein Drittel der Straßen nur mit Geschwindigkeitsbeschränkungen befahren.

Weitere Engpässe gibt es bei den Binnenwasserstraßen, dem Luftverkehr und insbesondere im Telekommunikationsbereich. Während in den alten Ländern annähernd Vollversorgung der Wohnungen mit Telefonanschlüssen (476 auf 1 000 Ew.) besteht, entfielen in den neuen Ländern 111 Hauptanschlüsse auf 1 000 Ew. im Jahre 1990. Hinzu kommt eine ausgeprägte regional ungleiche Verteilung (→Abb. 72). So war im Ostteil von Berlin jeder zweite Haushalt angeschlossen, in den ehemaligen Bezirken Dresden oder Rostock jeder neunte, in Cottbus lag die Telefondichte sogar bei weniger als 7 %, bezogen auf die Einwohnerzahl, und etwa 2 000 kleine Ortschaften besaßen überhaupt keinen Telefonanschluß.

Verbesserung der Verkehrsinfrastruktur

Seit der Vereinigung wird an der Beseitigung dieser Mängel gearbeitet. Der Neu- und Ausbau der Infrastruktur ist eine unabdingbare Voraussetzung für eine positive regionale Entwicklung und stellt die Weichen für den angestrebten Ausgleich der Lebensbedingungen zwischen dem Westen und Osten Deutschlands (→I.3, IV.1).

Für die Verkehrsplanung im vereinten Deutschland ergaben sich Erfordernisse mit unterschiedlichen regionalen Dimensionen. Bereits im Mai 1990 wurde ein "Lückenschlußprogramm" verabschiedet, welches die oft unterbrochenen und unterdimensionierten Verkehrsverbindungen zwischen Ost und West wiederhergestellt bzw. ausbaut (→I.4). Die Vorhaben umfassen bei einem Kostenvolumen von

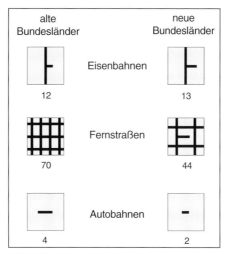

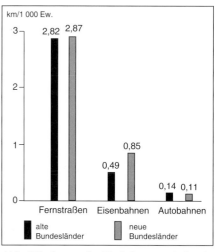

Abb. 71a: Netzdichte der Verkehrswege 1988/89 in km je 100 km²
Quelle: BMBau 1991a

Abb. 71b: Länge der Verkehrswege in km je 1 000 Einwohner 1988/89
Quelle: BMBau 1991a

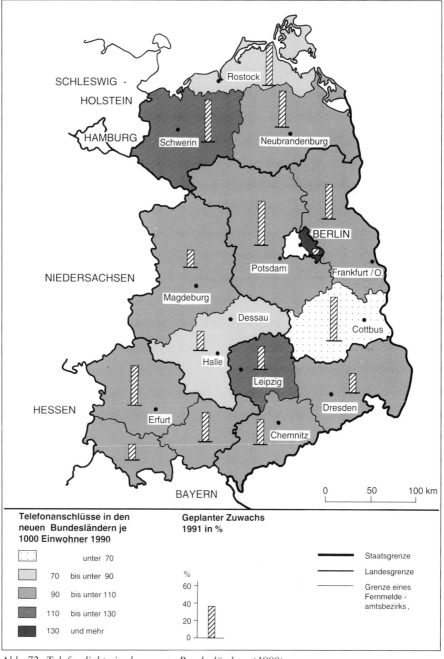

Abb. 72: Telefondichte in den neuen Bundesländern (1990)
Quelle: BMBau 1991

83

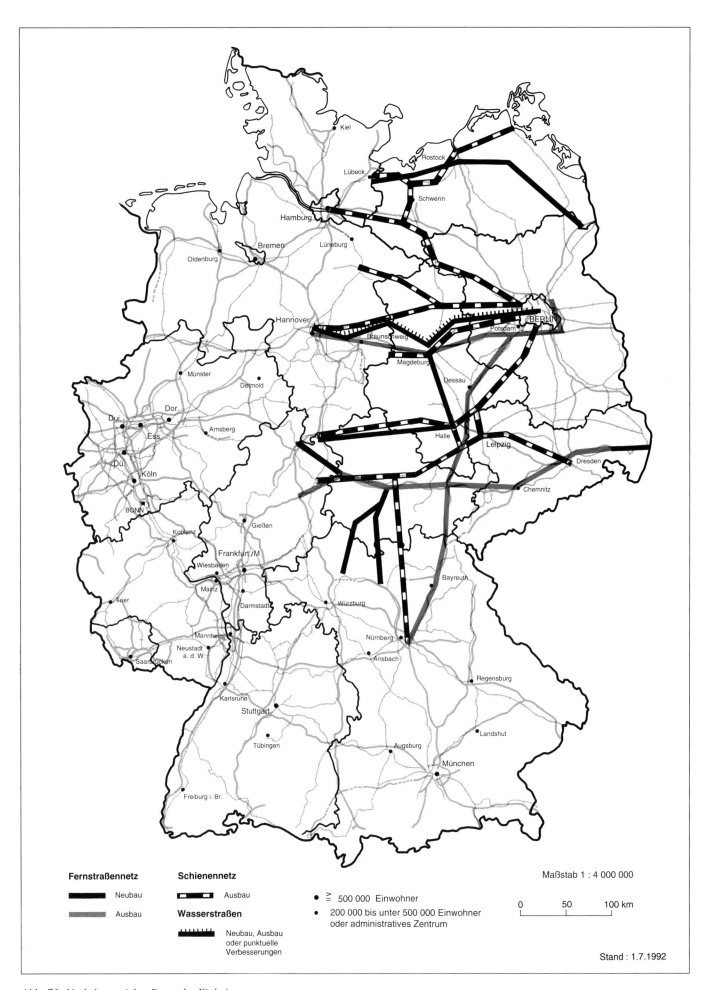

Fernstraßennetz

▬▬▬ Neubau

▬▬▬ Ausbau

Schienennetz

▬□▬ Ausbau

Wasserstraßen

▬▥▬ Neubau, Ausbau oder punktuelle Verbesserungen

● ≧ 500 000 Einwohner

• 200 000 bis unter 500 000 Einwohner oder administratives Zentrum

Maßstab 1 : 4 000 000

0   50   100 km

Stand : 1.7.1992

Abb. 73: Verkehrsprojekte Deutsche Einheit
Quelle: Der Bundesminister für Verkehr 1992; zusammengestellt aus mehreren Abbildungen

Kleine Geographie von Deutschland

10 Mrd. DM (etwa ein Drittel der Ausgaben der öffentlichen Hand für das Verkehrs- und Nachrichtenwesen im Jahre 1988) den Ausbau von Straßen-, Schienen-, U-Bahn- und S-Bahnverbindungen. Bei den grenzunmittelbaren Vorhaben aktiviert man die früheren Trassen. Dabei erhalten vor allem die Zentren nahe der ehemaligen innerdeutschen Grenze wie Hamburg, Hannover, Magdeburg oder Erfurt neue Anziehungs- und Ausstrahlungskraft, da sie aus benachteiligten peripheren Standorten in eine verkehrsgünstige Lage in der Mitte Europas rücken.

Am 9. April 1991 stimmte das Bundeskabinett den "Verkehrsprojekten Deutsche Einheit" zu, die im Hinblick auf die stark wachsenden Verkehrsströme zwischen Ost und West besonders dringlich sind. Von den 17 Vorhaben mit einem Aufwand von fast 70 Mrd. DM entfallen neun auf die Schiene, sieben auf die Straße, und ein Projekt betrifft die Schiffahrtswege. *Abbildung 73* verdeutlicht, daß vor allem für die west-östlichen Verkehrsstrecken Modernisierungs- bzw. Ausbaumaßnahmen vorgesehen sind, die in den meisten Fällen einem Neubau gleichkommen. Hervorzuheben ist die Schnellbahnstrecke zwischen Hannover und Berlin, welche bei einer maximalen Zuggeschwindigkeit von 250 km/h die Fahrtzeit von vier auf weniger als zwei Stunden verkürzen wird.

Die geplante neue Autobahn entlang der Ostseeküste soll Lübeck mit Szczecin (Stettin) verbinden. Die Trassenverlängerung aus Richtung Dresden über Görlitz ermöglicht den Anschluß Polens an Westeuropa. Der intensive Streckenausbau in Sachsen und Thüringen verbessert die Anbindung der dortigen Wirtschaftsräume an die alten Bundesländer, und man erhofft sich, daß davon ökonomische Impulse über Neuansiedlungen von Industrie- und Handelsunternehmen ausge-

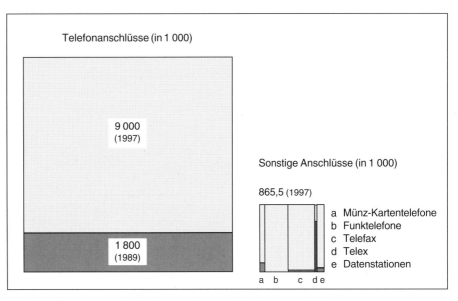

Abb. 74: Versorgungsziele im Fernmeldewesen für die neuen Länder
Quelle: BMBau 1991a

hen. Die Autobahntrasse von Dresden nach Prag befindet sich in der Diskussionsphase. Sie soll die ebenfalls anwachsenden transnationalen Nord-Süd-Verkehrsströme aufnehmen.

Das zukünftige Schienennetz verbessert vor allem die Erreichbarkeit Berlins. Eine ähnliche Funktion nimmt auch der Ausbau der Wasserstraßen ein. Daneben wird der Ballungsraum Leipzig-Halle zu einem der wichtigsten Verkehrsknoten in Mitteleuropa. In der Nähe vom Autobahnkreuz und Flughafen Leipzig-Halle entstehen ein Güterverkehrszentrum und einer der größten Rangierbahnhöfe Deutschlands.

Der nach der Einheit Deutschlands in den neuen Bundesländern beträchtlich angewachsene Pkw-Verkehr und auch die Gütertransporte mit Lkw führen zu erheblichen Belastungen in den Siedlungen. Ortsumgehungen und neue Gestaltungen des öffentlichen Personennahverkehrsnetzes sind gefragt, desweiteren Container- und Umschlagbahnhöfe für

den kombinierten Verkehr Schiene/Straße. Auch diese Maßnahmen gehören zu den Aufgaben des neuen Gesamtdeutschen Verkehrswegeplans.

Der Ausbau der Telekommunikation ergänzt diese Vorhaben (→Abb. 74). Schon vor der deutschen Einheit hat die Bundespost ein Programm von 55 Mrd. DM – das entspricht der 3,5fachen Investitionssumme der Post in das Fernmeldewesen im Jahre 1989 – verteilt auf den Zeitraum bis 1996 zur Modernisierung der Netze beschlossen. Die Planungsziele sehen vor, daß im Jahre 1997 im Osten der heute in den alten Ländern gültige Versorgungsstand erreicht ist. Die Zahl der neuen Anschlüsse für Telefon und Telefax ist enorm. Sie zeigen die Notwendigkeit, wie wichtig es ist, den Verkehrs- und Telekommunikationsstandard als Voraussetzung für eine dynamische wirtschaftliche Entwicklung entscheidend zu verbessern.

Literaturverzeichnis

Agrarbericht 1991. Agrar- und ernährungspolitischer Bericht der Bundesregierung. Bonn.

BADE, F.-J. (1987): Regionale Beschäftigungsentwicklung und produktionsorientierte Dienstleistungen. Berlin.

BADE, F.-J. (1991): Regionale Beschäftigungsprognose. In: Forschungen zur Raumentwicklung 21, Bonn.

BÄHR, J. (1992): Bevölkerungsgeographie. 2. völlig neubearb. Aufl., Stuttgart.

BÄHR, J., CH. JENTSCH & W. KULS (1992): Bevölkerungsgeographie. In: Lehrbuch der Allgemeinen Geographie 9, Berlin/New York.

BECKER, T. & P. SCHOOP (1991): Die Entwicklung der Produktion und des Konsums von pflanzlichen Produkten auf dem Gebiet der ehemaligen DDR unter EG-Bedingungen. In: Berichte über Landwirtschaft 69, S. 261-287.

BERGMANN, E. (1992): Räumliche Aspekte des Strukturwandels in der Landwirtschaft. In: Geographische Rundschau 44, S. 143-147.

BERGMANN, H., H. LOWINSKI, D. MARX & J. MASUHR (1991): Probleme von Raumordnung, Umwelt und Wirtschaftsentwicklung in den neuen Bundesländern. Hannover.

BERNHARDT, A. (1988): Naturräumliche Differenzierung der Sächsischen Schweiz. In: Berichte des Arbeitskreises Sächsische Schweiz in der Geographischen Gesellschaft der DDR 6, S. 63-92.

BfLR (= Bundesanstalt für Landeskunde und Raumordnung) (1991): Regionalstatistische Informationen aus der laufenden Raumbeobachtung. In: Informationen zur Raumentwicklung 1991, S. 779-795.

BLOTEVOGEL, H. H. & M. HOMMEL (1980): Struktur und Entwicklung des Städtesystems (Bundesrepublik Deutschland). In: Geographische Rundschau 32, S. 155-164.

BMBau (= Bundesminister für Raumordnung, Bauwesen und Städtebau) (1991a): Raumordnungsbericht 1991. Bonn.

BMBau (= Bundesminister für Raumordnung, Bauwesen und Städtebau) (1991b): Raumordnerisches Konzept für den Aufbau in den neuen Ländern. In: Informationen für Raumentwicklung 1991, S. 773-777.

BOESLER, K.-A. (1985): Das Zonenrandgebiet. Eine Einführung in die aktuellen Probleme seiner Struktur und Entwicklung. In: Geographische Rundschau 37, S. 380-394.

BORN, N. (1974): Die Entwicklung der deutschen Agrarlandschaft. In: Erträge der Forschung 29, Darmstadt.

BUCHER, H., M. KOCKS & M. SIEDHOFF (1991): Wanderungen von Ausländern in der Bundesrepublik Deutschland der 80er Jahre. In: Informationen zur Raumentwicklung 1991, S. 501-511.

Bundesminister für Verkehr (Hg.) (1992): Bundesverkehrswegeplan 1992. Berlin.

Bundesumweltministerium (Hg.) (1992): Umweltschutz in Deutschland. Nationalbericht der Bundesrepublik Deutschland für die Konferenz der Vereinten Nationen über Umwelt und Entwicklung in Brasilien im Juni 1992. Bonn.

Bundeszentrale für politische Bildung (Hg.) (1984): Der Föderalismus in der Bundesrepublik Deutschland. In: Informationen zur politischen Bildung 204, Bonn.

Bundeszentrale für politische Bildung (Hg.) (1988a): Neue Technologien. In: Informationen zur politischen Bildung 218, Bonn.

Bundeszentrale für politische Bildung (Hg.) (1988b): Umwelt. In: Informationen zur politischen Bildung 219, Bonn.

Bundeszentrale für politische Bildung (Hg.) (1989): Die Entstehung der Bundesrepublik Deutschland. In: Informationen zur politischen Bildung 224, Bonn.

Bundeszentrale für politische Bildung (Hg.) (1990): Parlamentarische Demokratie 1. In: Informationen zur politischen Bildung 227, Bonn.

Bundeszentrale für politische Bildung (Hg.) (1992): Energie. In: Informationen zur politischen Bildung 234, Bonn.

BURGER, H. (1991): Nationalparks (Themenheft). In: Nationalpark-Umwelt-Natur 71.

BUTZIN, B. (1987): Strukturwandel im Ruhrgebiet? Zum Entstehungs- und Wirkungszusammenhang der Krise. In: KÖHLER, E. & N. WEIN (Hg.): Naturräume und Kulturräume, Münstersche Geographische Arbeiten 27, Paderborn, S. 301-314.

CHRIST, P. (1991): In Freiheit verödet. In: Die Zeit 11, 8. März, S. 15-19.

CREIFELDS, C., MODEL, O. & G. LICHTENBERGER (1992): Staatsbürger-Taschenbuch, 26. neubearb. Aufl., München.

Das große ADAC Deutschland Buch (1986). München/Ostfildern.

DEGE, W. & W. DEGE (1983): Das Ruhrgebiet. Kiel.

Der Bundesminister für Verkehr (1992): Verkehrsprojekte Deutsche Einheit. Bonn.

Der Bundesumweltminister (Hg.) (1992): Ökologischer Aufbau. Eckwerte der ökologischen Sanierung und Entwicklung in den neuen Ländern. Bonn.

Der Deutsche Bundestag (Hg.) (1991): Der Deutsche Bundestag. Bonn.

Der Minister für Ernährung, Landwirtschaft und Forsten des Landes Schleswig-Holstein (Hg.) (1985): Nationalpark Schleswig-Holsteinisches Wattenmeer, Kiel.

Deutscher Städtetag (Hg.): Statistisches Jahrbuch Deutscher Gemeinden. Div. Jahrgänge, Köln.

DOHNANYI, K. v. (1992): Der Notplan Ost. In: Die Zeit 28, 3. Juli, S. 11-12.

ECKART, K. (1989): DDR. 3. überarb. Aufl., Stuttgart.

ECKART, K. & D. RAST (1991): Entwicklung und Probleme der Landwirtschaft der Bundesrepublik Deutschland bis Oktober 1990. In: Zeitschrift für den Erdkundeunterricht 42, S. 290-297.

EHLERS, E. (1988): Die Agrarlandschaft der Bundesrepublik Deutschland und ihr Wandel seit 1949. In: Geographische Rundschau 40, S. 30-40.

ELKINS, T. H. & B. HOFMEISTER (1988): Berlin. The spatial structure of a divided city. London/New York.

ELLENBERG, H. (1978): Die Vegetation Mitteleuropas mit den Alpen. 2. Aufl., Stuttgart.

FRANK, F. (1991): Mödlareuth - Entwicklungen beiderseits der Grenze. In: Geographie heute 87, S. 12-15.

FRIEDRICHS, J. (Hg.) (1985): Die Städte in den 80er Jahren. Demographische, ökonomische und technologische Entwicklungen. Opladen.

FRIEDRICHS, J., H. HÄUßERMANN & W. SIEBEL (Hg.) (1986): Süd-Nord-Gefälle in der Bundesrepublik? Opladen.

FUCHS, G. (1977): Die Bundesrepublik Deutschland. Stuttgart.

GAEBE, W. (1987): Verdichtungsräume. Strukturen und Prozesse in weltweitem Vergleich. Stuttgart.

GAEBE, W. (1988): Disparities in development between agglomeration areas in the Federal Republic of Germany. In: Zeitschrift für Wirtschaftsgeographie 32, S. 179-191.

GEO-Satellitenbildatlas Deutschland (1992). 3. Aufl., Berlin u.a.

GESKE, R. (1991): Mit heißer Nadel. Beobachtungen im einstigen Grenzland. In: Horizont 24, Nr. 21, S. 6-8.

GÖRMAR, W. & S. MARETZKE (1992): Siedlungsstruktur und regionale Bevölkerungsentwicklung. In: Geographische Rundschau 44, S. 148-154.

GÖRMAR, W., F.-O. MÖLLER & T. MACIUGA (1991): Regionalbarometer "Neue Länder". In: BfLR-Mitteilungen 6, November 1991, S. 1-3.

GROTZ, R. (1989): Technologische Erneuerung und technologie-orientierte Unternehmensneugründungen in der Industrie der Bundesrepublik Deutschland. In: Geographische Rundschau 41, S. 266-272.

GROTZ, R. & D. WADLEY (1987): Economic and spatial change in German manufacturing, 1970-1986. In: Tijdschrift voor Economische en Sociale Geografie 78, S. 162 bis 175.

HAASE, G. & R. SCHMIDT (1985): Konzeption und Inhalt der Karte "Böden" 1 : 750 000 im "Atlas DDR". In: Petermanns Geographische Mitteilungen 129, S. 199-204.

Harms Schulatlas, Länderausgabe Sachsen (1992): Karte Bergbau und Industrie südlich von Leipzig 1 : 100 000. München.

HARTMANN, F. (1988): Reisen mit Knitterfalten. In: Die Zeit 28, 8. Juli, S. 9-10.

HEINEBERG, H. (1988): Die Stadt im westlichen Deutschland. In: Geographische Rundschau 40, S. 20-29.

HEINEBERG, H. (1989): Stadtgeographie. In: Grundriß Allgemeine Geographie, Teil X, 2. überarb. Aufl., Paderborn.

HENKEL, G. (1984): Dorferneuerung in der Bundesrepublik Deutschland. In: Geographische Rundschau 36, S. 170-176.

HEYER, E. (1965): Das Klima im Bereich der beiden deutschen Staaten. In: Lehrbriefe für das Fernstudium der Lehrer 21, Potsdam.

HOFMEISTER, B. (1980): Die Stadtstruktur. In: Erträge der Forschung 132, Darmstadt.

HOFMEISTER, B. (1982): Stadtgeographie. 2. verb. Aufl., Braunschweig.

HÖHN, C., U. MAMMEY & H. WENDT (1990): Bericht 1990 zur demographischen Lage: Trends in beiden Teilen Deutschlands und Ausländer in der Bundesrepublik Deutschland. In: Zeitschrift für Bevölkerungswissenschaft 16, S. 135-205.

HOLZAPFEL, R. (1991): Bergbau und Bergbaufolgelandschaft im Bezirk Leipzig. In: Umweltgestaltung in der Bergbaulandschaft, Abh. der Sächs. Akad. d. Wissenschaften zu Leipzig, Math.-nat. Klasse 57, S. 7-21.

Institut für Umweltschutz und Energietechnik, TÜV Rheinland (Hg.) (1991): Ökologisches Sanierungs- und Entwicklungskonzept Band A: Umweltbereiche, Köln.

IRMEN, E. & M. SINZ (1991): Regionale Entwicklungspotentiale und -engpässe in den neuen Ländern. In: Informationen zur Raumentwicklung 1991, S. 755-771.

JOHNSON, H. (1990): Atlas der deutschen Weine. Bern/Stuttgart.

JUNG, H.-U. (1986): Branchenstrukturen als Erklärungsfaktoren für regionalwirtschaftliche Entwicklungsdisparitäten. In: Informationen zur Raumentwicklung 1986, S. 859-871.

KEMPER, F.-J. (1991): Ursachen, Abläufe und Folgen von Wanderungen in Westdeutschland. Zum Stand der Migrationsforschung. In: Berichte zur deutschen Landeskunde 65, S. 149-174.

KESSLER, U. & A. ROSS (1991): Ausländer auf dem Wohnungsmarkt einer Großstadt. Das Beispiel Köln. In: Informationen zur Raumentwicklung 1991, S. 429-438.

KIRBACH, R. & U. STOCK (1987): Gift ahoi - Nordsee tot. In: Die Zeit 48, 20. November, S. 13-16.

Kommunalverband Ruhrgebiet (Hg.) (1992): Strukturwandel im Ruhrgebiet. Essen.

Kultusstiftung der deutschen Vertriebenen. (IIg.) (1991). Kleiner Atlas zur deutschen Territorialgeschichte. 2. Aufl., Bonn.

LAMMERS, K. (1991): Ansatzpunkte einer Neuorientierung der regionalen Wirtschaftspolitik. In: Informationen zur Raumentwicklung 1991, S. 623-629.

LIEDTKE, H. (1988a): Naturräume in der Bundesrepublik Deutschland und ihr Naturraumpotential. In: Geographische Rundschau 40, S. 12-19.

LIEDTKE, H. (1988b): West Germany's Natural Regions and their potential. In: Geographische Rundschau (special edition 1988), S. 12-19.

LSG-Inspektion/Nationalparkregion Sächsische Schweiz (Hg.) (1991): Nationalpark Sächsische Schweiz. Dresden.

MARETZKE, S. & F.-O. MÖLLER (1992): Wirtschaftlicher Strukturwandel und regionale Strukturprobleme. In: Geographische Rundschau 44, S. 154-159.

METZ, L., M. JÄNICKE, & J. PÖSCHK (1991): Die Energiesituation in der vormaligen DDR. Berlin.

MEYNEN, E., SCHMITHÜSEN, J., GELLERT, J. F., NEEF, E. MÜLLER-MINY, H. & J. H. SCHULTZE (Hg.) (1953ff): Handbuch der naturräumlichen Gliederung Deutschlands. In: Veröffentlichungen des Instituts für Landeskunde in der Bundesanstalt für Landeskunde und Raumforschung und des Deutschen Instituts für Länderkunde unter Mitwirkung des Zentralausschusses für deutsche Landeskunde. Bad Godesberg.

Ministerium für Landwirtschaft, Weinbau und Forsten Rheinland-Pfalz (Hg.) (1991): Für den ländlichen Raum - Weinbergflurbereinigung. Mainz.

MÜLLER-HARTMANN, I. (1991): Zuwanderungen aus Osteuropa und ihre Probleme für die neuen Länder. In: Informationen zur Raumentwicklung 1991, S. 395-404.

Nationalparkverwaltung Berchtesgaden (Hg.) (1988): Einfluß des Tourismus auf die Hochgebirgslandschaft am Beispiel des Nationalparks Berchtesgaden. In: Forschungsberichte 13, Berchtesgaden.

Nationalparkverwaltung Niedersächsisches Wattenmeer (Hg.) (1990): Nationalpark Niedersächsisches Wattenmeer. 3. Auflage. Wilhelmhafen.

NIGGEMANN, J. (1984): Ländliche Siedlungen im Strukturwandel. In: Erdkunde 38, S. 94 bis 97.

NUHN, H. & M. SINZ (1988): Industriestruktureller Wandel und Beschäftigungsentwicklung in der Bundesrepublik Deutschland. In: Geographische Rundschau 40, S. 42-52.

OPP, CH. (1991): Umweltprobleme in Agrarlandschaften. Ergebnisse geoökologischer Untersuchungen in den neuen Bundesländern. In: Geographische Rundschau 43, S. 537-605.

PEZ, P. (1990): Die Sonderkulturen im Umland von Hamburg in standortanalytischer Sicht. In: Zeitschrift für Wirtschaftsgeographie 34, S. 229-240.

PFAU, W., et al. (1990): Stadtentwicklung in der DDR. Zustand, Probleme und Erfordernisse. Berlin.

PLÖTZ, P. (1991): Die Rohstoffwirtschaft. In: Porträt einer Nation, S. 172-173.

POSNER, G. (Hg.) (1991): Weinbau. Berlin.

REUTHER, H. (1992): Demokratie in der Bundesrepublik Deutschland. Was den Staatsbürger interessiert. Bonn.

RICHTER, H. & H. BARSCH (1974): Abriß der Naturraumtypen im Gebiet der DDR. Potsdam.

RITTER, G. & J. HAJDU (1982): Die innerdeutsche Grenze. In: Geostudien 7, Köln.

ROESCHMANN, G. (1986): Bodenkarte der Bundesrepublik Deutschland 1 : 100 000. Legende und Erläuterungen. Hannover.

Sächsisches Staatsministerium für Umwelt und Landesentwicklung (Hg.) (1991): Umweltbericht 1991 Freist. Sachsen. Dresden.

SANDER, H.-J. (1988): Das Zonenrandgebiet. In: BECK, H. & M. STRÄSSER (Hg.): Problemräume Europas 4, Köln.

SCHLIEBE, K. (1985): Raumordnung und Raumplanung in Stichworten. Berlin/Stuttgart.

SCHÖLLER, P. (1967): Die deutschen Städte. In: Geographische Zeitschrift, Beihefte 17, Wiesbaden.

SCHOLZ, H. (1991): Agrarproduktion in den neuen Bundesländern - Konkurs oder leistungsfähig. In: Berichte über Landwirtschaft 69, S. 188-198.

SCHOLZ, H. (1992): Lage der Landwirtschaft in den neuen Bundesländern. In: Berichte über Landwirtschaft 70, S. 161-173.

SEIFERT, V. (1986): Regionalplanung. In: Das Geographische Seminar, Braunschweig.

SELKE, W. (1991): Raumordnungspolitische Aufbaustrategien für den Osten Deutschlands. Das raumordnerische Konzept für den Aufbau in den neuen Ländern. In: Informationen zur Raumentwicklung 1991, S. 747-753.

Senatsverwaltung der Stadt Berlin (Hg.) (1991): Planungsgrundlagen. Berlin.

Senatsverwaltung für Stadtentwicklung und Umweltschutz der Stadt Berlin (Hg.) (1991): Räumliches Strukturkonzept - Grundlagen für die Flächennutzungsplanung. Berlin.

SPERLING, W. (1991): Deutschland - Bemerkungen zu Raum und Gestalt. In: Internationale Schulbuchforschung 13, S. 233-265.

Statistisches Amt der DDR (Hg.) (1990): Statistische Daten 1989 über die Länder der DDR sowie über Berlin. Berlin.

Statistisches Bundesamt (Hg.): Statistisches Jahrbuch für die Bundesrepublik Deutschland. Div. Jahrgänge, Wiesbaden.

Statistisches Bundesamt (Hg.) (1989): Bevölkerung und Erwerbstätigkeit. Volkszählung vom 25. Mai 1987. Ausgewählte Eckzahlen für kreisfreie Städte und Landkreise. In: Fachserie 5, Heft 2, Stuttgart.

Statistisches Reichsamt (Hg.) (1938): Statistisches Jahrbuch des Deutschen Reiches 1938. Berlin.

STEIN, J. & H. RIEBE (1991): Felstürme und Waldschluchten. In: Nationalpark - Umwelt - Natur 71, S. 44-47.

SUCCOW, M. (1991): Das Nationalparkprogramm im Osten Deutschlands. In: Zeitschrift für den Erdkundeunterricht 10, S. 336-341.

TIETZE, W., K.-A. BOESLER, H.-J. KLINK & G. VOPPEL (1990): Geographie Deutschlands. Bundesrepublik Deutschland. Staat - Natur - Wirtschaft. Berlin/Stuttgart.

Umweltbundesamt (Hg.) (1992): Daten zur

Umwelt 1990/91. Berlin.

Westermann Schulbuchverlag (Hg.) (1988): Das Ruhrgebiet (Themenheft). In: Geographische Rundschau 7/8. Braunschweig.

Westermann Schulbuchverlag (Hg.) (1989): Dierke Handbuch. materialien, Methoden, Modelle zum Dierke Weltatlas. Braunschweig.

Westermann Schulbuchverlag (Hg.) (1991): Heimat und Welt. Deutschland – von der Küste bis zu den Alpen. Braunschweig.

WULFF, A. & B.-B. BEYER (1990): Die DDR und ihre Grenzgebiete zur Bundesrepublik Deutschland. Gedanken und Probleme. In: Raumforschung und Raumordnung 49, S. 106-109.

ZARTH, M. (1991): Neuordnung der Regionalförderung im Rahmen der Gemeinschaftsaufgabe "Verbesserung der regionalen Wirtschaftsstruktur". In: Informationen zur Raumentwicklung 1991, S. 539-555.

ZIMM, A. (1989): Berlin und sein Umland. Eine geographische Monographie. 2. Aufl., Gotha.